國民政府
政治工作總報告書

1930 年
下冊

Nationalist Government Policy Reports, 1930

Section III

目錄

審計院報告書

　　本院自開辦以至本年二月之工作，曾於第三屆中央執行委員第三次全體會議開會時編製報告，並附送本院關於監督預算執行之審計工作報告在案。茲將十九年三月至十月之工作概況列舉編敘於後。

一、監督預算

（一）審核每月收支預算

　　本院監督預算之執行，須有確定之全年度預算以為根據。考各國預算制度，恒經過行政、立法兩層程序始入審計程序，吾國現因政治上之關係，致決定預算法案之機關屢有變更，而預算常難完全確定。溯國民政府在廣東成立時，即設立預算委員會以為支配軍政各費之決議機關，奠都金陵，復有財政監理委員會之組織，五中全會以後改為預算委員會，旋又擴充範圍改為財政委員會，每值改組之際，事務常不免略有停頓，而審計亦受其影響。最近因試辦十九年度預算，乃取消財政委員會，將議決預算之權移歸中央政治會議以示鄭重。但十九年度預算迄未成立，現經中央政治會議議定救濟辦法，於十九年度預算未經議決時，准照十八年度核定案執行，又由財政部擬定救濟辦法之施行細目五項，一併通知本院以為審核之標準，此為本院現時審核預算之唯一根據。然因此權宜之救濟辦法，又使本院審計工作發生下列之缺陷。

　　（子）凡臨時設立之機關，在十八年度內未經完結其

事務者。悉得於十九年度預算未成立以前，為無期限之延長，繼續編列支付預算，以請領此項經費。本院既無所據以為核駁之根據，對於此類臨時經費殊難有適宜之限制。

（丑）預算須有收支兩數對照始能審核其收支之是否適合，故本院除釐定支付預算書式外，復於本年頒行收入預算書式，以期凡有直接收入之機關，如租稅收入、營業收入及一切行政上之收入，悉遵法定期限照式編送收入預算，以資對照。茲查各機關之支付預算書，多能按期編送審核，而編送收入預算書者僅有江蘇郵包稅局、浙江菸酒事務局、淮安關監督署、湖北捲菸統稅局等二十餘機關，其他收入機關悉未編送收入預算書。本院既無收入全數以資比較，即無從判定各種經費之是否超過國家負擔能力。今查十九年度之預算救濟辦法，未定歲入預算，如何救濟，益使不編收入預算者有所藉口。

以上兩種審計之缺陷，在本院雖急思補救，而權力有所未逮，用特陳述所見，用待裁決。

（二）審核各種支付命令

查十七年度之各種支付命令，前經本院審核完竣者，業已編列詳表於三中全會報告在案。十八年度開始以來，本院繼續核簽關於補簽十七年度黨政軍費，計共補簽支付命令之總數為一千三百七十四萬四千二百九十五元六角二分又美金一千元，其中政費六百四十二萬

三千九百五十元七角一分又美金一千元，軍費七百
三十二萬元零三百四十四元九角一分，但政費總數內有
償還國債一十一萬七千元，實用於政費者計六百三十萬
元六千九百五十元七角一分（附表一）。至十八年度
預算範圍內之支付命令，計共簽發總數（至十九年六月
三十日止）銀洋三萬一千六百九十八萬九千六百一十一
元八角三分（外有英美日金為數甚微，另列附表），
其中黨費四百三十七萬九千七百六十五元一角，政費
一萬二千四百八十九萬零一百八十一元八角，內有償
還國債及撥付基金六千零一十二萬一千五百六十四
元九角二分，賑災公債一千萬元，實用於政費者計
五千四百七十六萬八千六百一十六元八角八分，軍費一
萬八千七百七十一萬九千六百六十四元九角二分（附
表二）。此外尚有手續未完，本院依法查詢未經簽發
之支付命令，計十七年度六百六十六萬九千七百二十
元，十八年度八千九百一十一萬七千一百三十二元九
角二分，十九年度（至十月二十日止）一百六十五萬
一千五百元（附表三）。再就黨政軍及償還國債之各種
支出比例而分析之，其中黨費約占百分之一，政費約占
百分之十六強，償還國債約占百分之十五，軍費約占百
分之六十七強（附表六）。更就本院所簽支付命令之種
類而分析之，大別為直字、撥字、坐字三種，計十八年
度（至十九年六月三十日止）內簽發之。

直字支令，屬於黨費者四百三十六萬九千八百零
五元一角一分，屬於政費者七千二百六十萬零五千零二
十二元五角四分，內有償還國債三千一百二十四萬二

千六百八十九元八角八分及賑災公債一千萬元，實用於政費者三千一百三十六萬二千三百三十二元六角六分，屬於軍費者一萬七千八百八十萬零一千四百五十八元一角三分。

撥字支令，屬於黨費者九千九百六十元，屬於政費者四千三百零四萬一千五百零九元一角五分，內有償還國債二千八百八十七萬八千八百七十五元零四分，實用於政費者一千四百一十六萬二千六百三十四元一角一分，屬於軍費者八百九十一萬八千二百零六元七角九分。

坐字支令，屬於政費者九百二十四萬三千六百五十元一角一分（附表二）。

此外尚有退還財政部註銷者，計直字支令共一百六十一萬一千零五十六元五角（附表八）。

所有關於上述之各類金額，業已另編統計表九種，茲特附後以備參考。

再查者，本院為財政上之司法監督機關，故審核支付命令以預算法案及法令為唯一之根據，茲因預算不確定，法令不完全，遂使本院審核支付命令發生下列各事實。

（子）審核軍費之各種困難情形

軍費一項以軍興之際，編遣未能實施，預算始終未經核定，十八年度中仍循上年舊例，以軍需署所造送之月份支付預算書為標準，其未經列入預算而臨時支出者，則暫依總司令手諭為準繩。自十九年度奉府令頒佈

試辦預算章程以後，對於軍費之審核更感困難，乃經呈請國民政府核示辦法，旋奉訓令在十九年度預算尚未成立以前，所有中央軍費仍照軍政部軍需署月份支付預算書發給等因，故十九年度開始以來，中央軍費之支付一循舊例辦理，未有變更。惟該項軍費預算書，雖由軍需署總其成，按月編造到院，但於軍費支付時則並不全以軍需署名義總領轉發，領款機關不一，頗多直接發放之款，亦有初係轉發，中途忽改直接支付，因領款機關前後異致，遂使預算數目難於劃分，此本院審核軍費支令之困難者一也。軍需署本署支領之經費，月有定額，其他如中央兼第一編遣區軍費列入軍需署預算以內，款則直接支付，各月份增減無常，自十八年十月份至本年四月份止，各月份均有超越，迭經函請軍政部及財政部查復去後，結果僅據軍政部復稱，該區軍費向由財政部直接發放，無案可稽云云。是則軍需署之支付預算書編製亦欠精確，此本院審核軍費支令之困難者二也。尚有軍需署支付預算書所列之款，另經總司令諭撥有案，而書列數目小於原諭，本院雖可根據原諭簽發支令，但核與書列總數不相符合，是則軍需署之支付預算書尚有漏列之處，此本院審核軍費支令之困難者三也。至十八年度全年軍費送院核簽者，總額為二萬七千九百四十九萬一千六百五十六元五角三分，其中無案可稽或超越預算正在查詢中尚未簽發者，共八千六百八十萬零六千四百二十二元二角一分，又在十八年度中補送過院核簽十七年之軍費共九百六十四萬零五百六十四元九角一分，其中因法定手續不備，查詢待復未簽發數，

共二百三十二萬零二百二十元。又十九年七月至十月二十日止，亦有補發十七、八兩年度軍費，計十七年度一千零零九萬二千五百九十八元七角五分，內查詢待復未簽發數四百三十四萬九千五百元，十八年度一千九百五十二萬八千四百三十八元四角四分，內查詢待復未簽發數一千四百五十六萬二千八百六十九元零四分。以上十七年度軍費總額，連上屆報告，合計十個月支出數為一萬零七百四十六萬一千四百三十一元五角五分，十八年度軍費總額二萬七千九百四十九萬一千六百五十六元五角三分，自十九年度七月至十月二十日所有十九年度軍費總額為六千六百五十七萬三千九百元，內查詢待復未簽發數有一百六十五萬一千五百元。此三個年度中，經本院簽發者總共支出軍費四萬五千三百五十二萬六千九百八十八元零八分，內查詢待復未簽發數共九千五百一十二萬七千六百四十二元二角一分，其所以未能簽發原因，大致不外財部未將原案錄送過院，或經常、臨時兩費未畫分清楚，或急於動用未行補具法定手續，或軍隊當地提取未經過法定手續辦理，種種困難不勝枚舉，且依現在支付軍事費用情形言之，大部分軍費先由財部在上海或他處發放，事後再將直字支令送院審簽，甚有相隔一年或數月始行送簽者，其在較遠之處，及坐字、撥字之支令更無論矣。揆諸事前監督之旨，殊失其效。現在軍事結束，此項久懸各案或可即時解決，理合據實報告，以備考核。

（丑）官俸與法令不符

　　查現行官等官俸，簡任官俸最高級為六百七十五元，薦任官俸最高級為四百元，又查財政部管轄徵收機關官俸等級表，關監督之高級俸為五百二十五元。今本院審核各機關之支付預算及支付命令，發見揚由關、鳳陽關等機關監督月俸多至一千零八十五元，課長月俸多至四百七十三元，顯與現行法令抵觸，曾經依法核駁，嗣接財政部咨復內開，本部前為整頓揚由關及鳳陽關稅收，調用海關得力人員分別任免兩關監督及重要職員，所有各該員支給俸薪係照海關原俸額支給，故與該關原定俸額較為優異，且該關十八年度預算業經財政委員會核定有案均在預算範圍以內等由前來，此超過之追加預算既經財政委員會負責核准，本院亦未便再為核駁。惟查海關職員既屬國民政府之直轄官吏，其官俸即當按照現行官俸等級支給，如認海關為特殊職務，即應另定特別官俸條例公佈施行，本院職司財政上之司法監督，對此顯與法令不符之官俸，不敢不據實報告，以備考核。

（寅）未送預算及支付命令之機關

　　查中央各機關之預算及支付命令，尚有交通、鐵道兩部暨南京市政府未能完全依法辦理。交通部僅將十七年度預算書編送來院，而每月支付預算及十八年度預算書均未編送，至支付命令則完全未見送核。鐵道部對於年度預算及支付預算尚能遵照法令辦理，而支付命令仍付缺如。南京市政府僅將每月支付預算書陸續送核，而不見年度預算書，且所送每月支付預算書亦僅自

十八年五月至十九年一月止，破碎不全，殊欠合法，至
其支付命令始終未見送核。本院曾屢次函商，並呈請國
府令飭以上三機關依法辦理在案，至今猶無相當辦法，
是本院對於中央各機關仍難一律依法實行職權，此後應
如何督促屬行，俾便辦理而重計政之處，伏候裁決。

二、審核決算

（一）審核計算書類

　　查本院審查各機關支出計算書類案件，自開辦以
至十九年二月二十日止，計有已辦結之案三百二十六
起，未辦結之案八百五十九起，業經報告在案。後此繼
續進行，各機關有愆期未送者積極催送，至附屬各機
關有始終未送者，咨請主管機關嚴催編送。現在自本
年二月二十一日起截止本年十月二十八日止，續經辦
結核銷之案發給證明書者計有七百九十起，未辦結之
案，其中因計算書或單據認為有疑義或違背法令及不合
手續發給審核通知書查詢，俟其答覆再行核辦者，計
有一千二百二十七起。連前所報告之案，已辦結者共
一千一百一十六起，未辦結者共二千零八十六起。茲檢
附編輯完成之本院審核各機關十七年度支出計算書一覽
表一冊，送請察核。

（二）催辦決算

　　國家財政欲求有統系之整理，適當之支配，全恃預
算。而預算之當否，視乎審核決算之結果，以為標準。
本院有見及此，曾經呈請國民政府令飭財政部迅將十七

年度決算報告書格式及編製方法規定頒發各機關遵照辦理，當經財政部擬定決算章程及各種報告書格式呈請國民政府通令頒行，嗣因各機關未能一律依期編送，復經展期催辦，而限期一再逾越，各機關之造報仍未齊全，財政部之總決算因而未能編送。現十八年度已屆終結之期，經財政部以十七年度決算章程既屬可行，所有十八年度決算之編製擬即呈請照式繼續施行，以省紛更，呈奉國民政府照准通飭遵辦各在案。此本院呈請催辦決算之情形也。

（三）各省所送計算概況

審核決算須本逐月計算方有依據，前曾呈請國民政府通飭各省政府及其附屬機關在審計分院未經設立以前，將逐月計算書類編送審計院備查在案。現在惟新疆、熱河二省及青島一市按月送到，遼寧、廣東、湖北三省間有送者但未齊全，其餘各省市均未編送，將來總決算之各省機關決算報告書恐難審核。

（四）籌備檢查金庫

查審計法施行細則第五條規定，國庫或代理國庫應於每月經過十五日以內編成國庫收支月計表及歲入金歲出金分類明細表連同單據送由財政部轉送審計院審查等語，現查國庫及代理國庫始終未經依法編送，本院以國庫為中央出納機關，所關至鉅，必有一定條例使之遵守，便於檢查，乃可收統一之效，前曾擬具金庫條例呈請鑒定，當奉國民政府令交立法院核議，現尚未經議決

通過，一俟通過公布後，再擬訂立檢查金庫條例呈請鑒
定，以期周密。

（五）籌備審查國債

　　查審計法施行細則第九條規定財政部應於年度經
過後八個月以內彙核各部院會等機關及本部決算報告書
並國債計算書編成總決算，連同附屬書類送審計院審查
等語，現查各種國債為數不尟，而審查規則缺如，殊不
完備。本院前曾擬具審查國債規則呈請鑒定，當奉國民
政府令交立法院核議，現尚未經議決通過，一俟通過公
布後再行咨催財政部編送國債計算書，以憑實行審查。

（六）審核軍事機關計算情形

　　關於軍務之支出計算書，凡隸屬中央軍事各機關大
抵先後編送，惟京內外各部隊以戰事關係，迄未送過。
茲值討逆勝利，軍事結束，甚盼此後各部隊依法編製計
算書類送院審查，藉收統一計政之效。

（七）釐定特別辦公費標準

　　本院前以各機關開支公費漫無限制，曾呈請國民
政府規定標準以便審核。當奉通令各機關因執行職務時
所必需，確實未能節省者，應准各支辦公費若干，實報
實銷，其餘京內外各機關所有一切公費、交際費、夫馬
費等項概行停止，如有自七月份起仍舊開列於計算書內
者，審計院得依法剔除不准核銷，除另定標準再令遵照
外，合行令仰遵照等因在案。現在各機關送到計算書，

所有各種公費名目雖遵令取銷，而所列辦公費仍苦標準不立，於審核上殊覺困難，本院處此，惟有仰希早日規定辦公費標準，用資遵循。

三、其他事項

（一）修訂甲乙丙三種書表格式

　　本院前曾編製甲、乙、丙三種書表，呈請國民政府鑒定頒發各機關遵用在案。其甲種書表內有貸借對照表、物品出納計算書二種，各普通機關均未能遵照編送，又財產目錄一種亦未能按月編造，本院認為有修正之必要。又以吾國金庫尚未統一，往往由主管機關承領鉅額之款，轉而分發於所屬各機關，此種款項既不能列入普通計算書內，又不能不送院審核，因是與財政部疊次會商，其書表有不便於普通機關者一律修訂，並增入承轉機關用現金出納報告書與收入機關用收入預算兩種，呈請國民政府頒發各機關遵照編送，較為明瞭。茲檢附前後頒布甲、乙、丙三種書表及現金出納計算書各一冊，隨同報告。

（二）統一普通官廳簿記之籌辦

　　統一會計規定簿記式樣，實為整理財政之要端。前經青島市黨部呈請規定，當以劃一官廳簿記程式，與財務行政及各種會計法規有連帶關係，必先於現行財務行政程序及各種官廳原有會計之事實詳加考求，然後所擬簿記程式能見實行，因是咨請財政部會商籌議，現正在進行中。

（三）確定歲計會計審計制度案之進行

查歲計、會計、審計制度之確定及厲行民國十九年度預算案必須如期確定一案，前經三屆中央執行委員會議決交由國民政府令飭立法院、行政院、財政部、審計院及預算委員會遵照辦理。本院以事關重要，當派員分赴上列各機關接洽，准立法院聲稱業已擬有關於歲計、會計、審計制度之原則數條，提出中央政治會議，俟其議決通過後始能著手訂立法規，因是暫緩釐訂。

以上所述乃本院工作經過概況，及對於審計進行之意見，值此財政尚未統一，法令猶欠完備之際，欲施行完密之審計，實感無窮困難，但以職責所在，未敢稍自寬假，仍復積極籌劃，期獲相當之成績也。

另附：審核十七年度、十八年度、十九年度支付命令統計表九種；審核各機關十七年度支出計算書一覽表一冊；各種審計書表格式各一份

附表一　十八年度補發十七年度黨政軍費內直字撥字
　　　　坐字支付金額一覽表

金額 支令種類 費別	直字	撥字	坐字	合計
黨務費				
政務費	686,981.73	3,065,511.66	2,671,457.32	6,423,950.71
	美金 1,000.00			美金 1,000.00
軍務費	5,175,504.91	2,144,840.00		7,320,344.91
合計	5,862,486.64	5,210,351.66	2,671,457.32	13,744,295.62
	美金 1,000.00		內有 毫洋 132,932.99 滇洋 25,823.58	美金 1,000.00

附表二　十八年度黨政軍費內直字撥字坐字支付金額比較表

費別＼金額＼支令種類	直字	撥字	坐字	合計
黨務費	4,369,805.11	9,960.00		4,379,765.11
政務費	72,605,022.54 銀兩 500.00 美金 1,620.00 日金 85.00 英金 4.5/7	43,041,509.15	9,243,650.11	124,890,181.80 銀兩 500.00 美金 1,620.00 日金 85.00 英金 4.5/7
軍務費	178,801,458.13	8,918,206.79		187,719,664.92
合計	255,776,285.78 銀兩 500.00 美金 1,620.00 日金 85.00 英金 4.5/7	51,969,675.94	9,243,650.11 內有滇幣 367.38 元	316,989,611.83 銀兩 500.00 美金 1,620.00 日金 85.00 英金 4.5/7

附註

政務費直字金額內有賑災公債票面額合洋 10,000,000 元。

本表報告至十九年六月三十日止。自十九年七月一日起所簽發之十七、十八兩年度支令列入十九年度報告不贅。又十八年度內所有未簽發之支令，連軍政兩項共 97,438,352.92（見另表），並未列入。

附表三　未簽發支付命令金額一覽表　自十七年至十九年十月二十日止

年度	支令字號	黨務費	政務費	軍務費	撥還借款	合計
十七年度	直字			2,512,120.00		
	撥字			4,157,600.00		6,669,720.00
	坐字					
	合計			6,669,720.00		
十八年度	直字		1,009,641.41	84,347,512.21	1,292,486.30	
	撥字			2,458,910.00		89,117,132.92
	坐字		8,538.00			
	合計		1,018,224.41	86,806,422.21	1,292,48630	
十九年度	直字			1,600,000.00		
	撥字			51,500.00		1,651,500.00
	坐字					
	合計			1,651,500.00		
共計			1,018,224.41	95,127,642.21	1,292,486.30	97,438,352.92

附表四　十八年度補簽十七年度償還國債及撥付基金支付命令金額一覽表

摘要	支令種類	金額
丁戊債權團債款	直字	60,000.00
軍需公債基金	撥字	57,000.00
合計		117,000.00

備考
內直字 60,000，撥字 57,000 元。

附表五　十八年度償還國債及撥付基金一覽表

摘要	支令種類	金額
借款	直字	28,345,881.35
借款	撥字	1,141,889.35
丁戊債權團債款	直字	230,000.00
軍需公債基金	撥字	1,461,000.00
二五庫券基金存庫準備金	撥字	1,591,600.00
捲菸庫券基金	撥字	24,654,385.69
外債準備金	撥字	30,000.00
外債準備金	直字	68,933.33
中央輔幣券保證準備金	直字	2,597,875.20
合計		60,121,564.92

備考
內直字 31,242,689.88，撥字 28,878,875.04。

附表六　十八年度黨政軍及償債各費百分數比較表

費別	已簽發金額	未簽發金額	合計	百分數
黨費	4,379,765.11		4,379,765.11	1.00
政費	64,768,616.88	1,018,224.41	65,786,841.29	16.40
償還債款	60,121,564.92	1,292,486.30	61,414,051.22	15.00
軍費	187,719,664.92	86,806,422.21	274,526,087.13	67.60
合計	316,989,611.83	89,117,132.92	406,106,744.75	100.00

附註
政費內英美日金為數甚微，故未折合在內。
又所有十九年度內補簽本年度軍政各費，列入下屆報告，本表從略。

附表七　十八年度直字撥字坐字三種支付命令百分比較表

支令種類	已簽發金額	未簽發金額	合計	百分數
直字	255,776,285.78	86,649,639.92	342,425,925.70	84.30
撥字	51,969,675.94	2,458,910.00	54,428,585.94	13.40
坐字	9,243,650.11	8,583.00	9,252,233.11	2.30
合計	316,989,611.83	89,117,132.92	406,106,744.75	100.00

附註

政費內英美日金為數甚微，故未折合在內。

又所有十九年度內補簽本年度軍政各費，列入下屆報告，本表從略。

附表八　十八年度退還財部註銷支付命令金額一覽表

領款機關	用途	支付命令		備註
		種類	金額	
衛生部	劉部長軍醫費	直字	10,000.00	因不在該部預算範圍內
上海中央銀行	撥付準備金	直字	400,00.00	因該款已收回國庫
廣東造幣廠	籌備費	直字	1,201,056.50	因係重複
合計			1,611,056.50	

附表九　中央軍務費支付命令金額一覽表

自十七年九月起至十九年十月二十日止

年度	摘要	已簽發支令金額		未簽發支令金額		合計
		直字支令	撥字支令	直字支令	撥字支令	
十七年度	拾七年度簽發數	84,661,918.40	3,066,349.49			107,461,431.55
	拾八年度補簽數	5,175,504.91	2,144,840.00	2,212,120.00	108,100.00	
	拾九年度補簽數 *	5,700,000.00	43,098.75	300,000.00	4,049,500.00	
	合計	95,537,423.31	5,254,288.24	2,512,120.00	4,157,600.00	
十八年度	拾八年度簽發數	178,801,458.13	8,918,206.79	72,034,643.17	208,910.00	279,491,656.53
	拾九年度補簽數 *	3,617,000.00	1,348,569.40	12,312,869.04	2,250,000.00	
	合計	182,418,458.13	10,266,776.19	84,347,512.21	2,458,910.00	
十九年度	拾九年度簽發數 *	64,881,500.00	40,900.00	1,600,000.00	51,500.00	66,573,900.00
共計		342,837,381.44	15,561,964.43	88,459,632.21	6,668,010.00	453,526,988.08

附註

以上有＊記號者係自十九年七月一日起至十九年十月二十日止。

拾七年度已簽發未簽發支令總數計共 107,461,431.55。

拾八年度已簽發未簽發支令總數計共 279,491,656.53。

拾九年度已簽發未簽發支令總數計共 95,127,642.21。

中央研究院報告書

　　本院為國府直隸之最高學術研究機關，各項工作向均按照擬訂之訓政時期工作表次第進行。其經過情形，上年三月第三次全國代表大會及本年三月中央執行委員會第三次全體會議時均經分別備具報告，無待再贅。茲僅就本年三月以來院務進行之經過擇要分述，首舉一般行政，次及各所工作，而以本院組織圖、總辦事處職員及研究人員統計表附於後。

一、一般行政

（一）清涼山欽天山等處院址之建築

　　關於清涼山院址正在徵收用地，業經擬具徵收辦法五條，函請南京市政府察核辦理，並派員列席協議地價，惟以地主索價過昂，一時未易成交。關於欽天山之建築，因本年一月奉國府令將在滬各研究所移京，遵即計畫進行先就欽天山上下設計建築，以應急需，業已築成環山道路，並繪成新屋圖樣招工開標。至成賢街本院總辦事處房屋本嫌狹小，復因滬辦事處之撤消，全院總機關之完全移京，益形擁擠，不敷分配，故即就院內增建辦公新屋，業已繪圖招標，不日興工。

（二）院務年會之召集

　　年會之使命有二種：

（1）報告各所學術研究之經過

（2）討論下年度研究上重要計畫之進行

　　本屆開會在首都，自七月一日起至三日止，出席者二十四人，議決案共二十九件，均已分別施行。

（三）全國氣象會議之召集
　　本年四月十六起在首都開會二日，到會者三十六人，議案六十四件。按其性質分為六類：
（1）電報號碼　　　　　　（2）無線電廣播
（3）預報術語暴風警告　　（4）劃一氣象報告
（5）儀器訂正及儀器單位　（6）設立測候機關
　　　各案已分別施行。

（四）總理物質建設計畫委員會之設立
　　本會設立之目的在聯合有關係各所分工合作，共同研究全國主要實業發展之次序、實施之方案等，期於實現總理之物質建設有所貢獻，業已訂定規則推定委員分任研究並集會二次。

（五）中國科學研究概況編輯委員會之設立
　　此種概況之編輯係為國際宣傳之用，業經指定人選擔任各種科學之調查，並商定編製調查表格，內至少應包括下列各項：
（1）中英文名稱　　　　　（2）隸屬機關
（3）地點　　　　　　　　（4）開辦年月
（5）成立小史　　　　　　（6）研究範圍（詳細開列）
（7）開辦經費與每年經費（8）設備現狀
（9）儀器、書籍、標本、機械、建築概況及其照片圖畫

（10）職員姓名人數　　　（11）出版品目錄

（六）國際學術會議之參加

　　國際氣象學者會議根據本屆大會議決案，於四月二十八日在香港召集遠東氣象學者會議，本院派觀測員沈孝鳳前往出席。又第五次世界植物學會於八月十六日至二十三日在英國劍橋大學舉行，本院派技師秦仁昌出席參加出席參加。均提出論文。

（七）中央廣播學術講演之參加

　　上年以來，每月均有擔任，茲將本年三月份起講演人名及題目如左。

日期	講演者	講演題目
三月七日	王　璡	化學研究與建設之關係
四月四日	凌純聲	最近侵入西藏之尼泊爾民族
五月二日	王季同	機械工程大意
五月二十二日	葉良輔	中國之地質
六月十二日	林惠祥	臺灣番族調查報告附民族學之效用略說
七月三日	李方桂	國語問題
七月二十四日	趙燏黃	說中藥
八月十四日	陳遵嬀	未知行星之發現
九月四日	竺可楨	物質建設與科學
九月二十五日	胡剛復	順風耳與千里眼
十月十六日	方炳文	中國生物科學發達概觀

（八）關於優獎發明廣設科學研究館辦法之規定

　　本年三月三中全會議決關於江蘇省黨務整理委員會建議請優獎發明廣設科學研究館一案，分交教育部及中央研究院後，本院即將此案分送各研究所館發表意見，並經彙擬辦法送由國府文官處轉呈。

他如國立大學之會同視察，各種科學考察團之派員參加，各種出版品之國際交換，專門人才之羅致與書報、儀器、標本、用具之購置，無不盡力進行，項目較繁，茲姑從略。

二、物理研究所

本所以屋宇狹隘，經費拮据，未能充分設備，故至今猶在籌備時期，茲將工作之經過分項敘述於左。

（一）試驗室基本裝置

本所兼具國家標準局性質，應有絕對標準之制定，然此非一蹴可幾，為目前需要計，不得不先向國外購置副標準暫行裝置，以後一面應用，一面研究，以漸達於自設絕對標準之境。此類基本裝置有二目的：一在免去所中研究者臨時之周章，二在以此供所外委託檢定之需要。本所現已裝置之儀器及設備為：

（甲）標準時鐘
（乙）比較電阻及電壓之裝置
（丙）氣壓、溫度、空氣等裝置
（丁）恆頻率發電機之裝置
（戊）無線電台等

（二）重力測量

分二種：一為絕對的測量，二為相對的或比較的測量。關於絕對的測量已由研究員丁燮林規畫製一新擺，其構造及試驗原理已在本所集刊第一號發表，此擺現正

在本所之小金工場中試製，日內即可告成外，有天文時計及信號箱各一具，已向國外訂購，一俟運到，上項試驗即可開始。關於相對的測量，亦由丁研究員計畫製一新式「浮秤」，現正製造及試驗中。

（三）摩擦生電與空氣壓力

　　此試驗由丁研究員與助理員齊榮澣合作，以觀察液體與固體在極低之空氣壓力下能否摩擦生電及所生電量與氣壓之關係。

（四）滴電極試驗

　　此試驗為助理員謝起鵬之工作，由丁研究員指導，現已得有結果。

　　此外調查事項：

（一）派助理員陳宗器參加西北科學考察團，於上年十月底由北平出發，今年九月中前往新疆，其工作：

　　（甲）測定經緯度及子午線。

　　（乙）測量地形及繪圖。

　　（丙）到新疆有儀器後測定重力及地磁。

（二）國外調查託在法之特約研究員顏濟慈、在德之特約研究員饒樹人，於個人研究工作之暇留心考查德、法兩國各重要物理研究機關及國立標準局之組織、建築、設備，以為本所改進之借鑑。

　　至於此後之研究計畫為：

（一）大地物理觀測臺之設立

（二）國內重力及地磁測定之準備

（三）X光及高壓設備

（四）高頻率之絕對測定及實際標準之製定

（五）高頻率無線電波傳遞之研究

（六）測量高頻電流之研究

（七）發生高頻電流之研究

（八）亂水力機之研究

（九）鏡筒傳像之研究

（十）增添高溫研究設備

（十一）增添電學、光學及檢驗設備

本所之出版品為：

集刊第一號 A Proposed Method of Absolute Determination of "g" by a New Pendulum　丁燮林

三、化學研究所

本所研究工作分四組進行。

（一）應用化學組

現分二類：曰油脂類之研究，曰纖維類之研究，由研究員沈慈輝、唐燾源分別擇定題目。

（甲）研究已有結果者

（1）柏子油提煉及此油與促乾性物如鉛、錳、鈷之關係及與胡麻子油乾燥性之比較，係由沈慈輝擔任。

（2）食物油如花生油、豆油、芝麻油、油菜油

之物理性質及成分，由研究員唐燾源加以
檢定及分析，尤注重於分析方法之研究，
均已有報告發表於院務月報中。

（乙）正在進行中者

（1）油脂之構造由唐燾源擔任。

（2）竹纖維之研究，此題亦由唐研究員擔任，
助理員邵公佑助理之。

（二）分析化學組

本組工作除受各種委託之零星化驗外，其較有系統
之研究者為：

（1）陶料之分析，由助理員柳大綱與工程研究
所助理員張繼齡共同擔任，其緊要國產陶
工如皖、湘、贛所出者，均已得其結果，
近復搜集江蘇各處陶料，分別加以檢定，
而於宜興所產尤為注意。

（2）銅合金之分析，由助理員丁鎮擔任，其已
有報告者為數種鋁鋅之銅合金與鎳之銅
合金。

（三）有機生物化學組

研究之問題有三：

（甲）中藥研究

（乙）格林耶特（Grignard）鎂劑合成

（丙）生物發育時期之磷質變遷

關於（甲）題範圍頗廣，現所進行者大抵初步工

作，如國產藥材原料之搜羅、山草類各種草藥形態及分
類之研究等，俱由研究員趙燏黃擔任，已出報告數種。
（乙）題由研究員宋梧生與助理員韋鏡權擔任，現所進
行者多為預備藥劑之初步工作，其合成方法與結果均須
繼續研究。至於（丙）題係屬於生理化學之研究，由研
究員曾義擔任，所得結果頗有意義，現方在整理中。

（四）無機理論化學組
　　進行之問題有複鹽之研究、氫氣與釀金屬平衡之
研究及各種精密儀器之測驗三種。關於複鹽由研究員時
招涵預備多種，以供研究，關於氣體平衡問題，方在設
備中。
　　總之本所工作現最注重者：
（一）為本國工業原料——陶料、油料、紙料、藥料
　　　　之試驗
（二）為新有機化合物及生理化學之研究
　　其對於外界之服務，則曾受上海特區地方法院之
託，化驗醬油精之品質，受江蘇省立棉作試驗場之託，
分析鹽區土壤之成分，餘如川產石油及零星小工業問
題，亦有相當之解答，而於國內化學研究之狀況與化學
工業之情形亦復隨時調查。

　　至於本所此後之計畫可分二種：
（一）繼續未了之工作，例如：
（甲）中藥之研究
（乙）脂肪之研究

（丙）工業原料之分析

（丁）有機鎂劑合成法之研究

（戊）磷與生物發育關係之研究

（二）預備新添之工作

擬設立小規模之化學工場以便作半工業性之製造試驗，例如：

（甲）國產紙料之研究

（乙）油漆料製造之研究

（丙）科學用玻璃製造之研究等

以上三種擬由應用化學組與分析化學組聯合進行。

此外對於一般的化學工業問題，如酸鹼、鹽、酒精、石炭、石油、窯業等俱分配於全所研究員及助理員分頭注意，有機生物化學組尚擬著手於中國國產毒藥之研究與提鍊發酵食物之研究。

本所出版品計有三種：

集刊第一號　中國新本草圖誌　趙燏黃

集刊第二號　糖質消用與磷之關係　曾義　在印刷中

集刊第三號　生物發育時期之磷質變遷　曾義　在印刷中

四、工程研究所

本所應研究之問題範圍極廣，惟限於經濟與人才，只可就舊工業之可改進者及創設新工業需要最急者兩種入手，故決定先辦陶瓷試驗場及鋼鐵試驗場，最近數月來之主要研究工作可分為二類。

（一）陶瓷之試驗

（甲）坯泥之研究

坯泥配合並非易事，出品優劣肇基於此。場中迭經研究，已得有坯泥六種，三種以湘泥為主，可製普通器具，一種以贛泥為主，潔白透明可做脫胎瓶類，兩種以西滑石為主，最薄之瓶類及所有脫胎器皆此坯泥為之。

（乙）瓷泥之分析

場中除將自用之瓷泥均加分析以為配合時之標準外，並搜集我國歷來著名之瓷土，依照標準方法與化學研究所共同分析，以資參考。計分析已得結果經報告者有十七種，現仍在繼續進行中。

（丙）國內各地瓷泥性質之研究

我國瓷泥產地分布極廣，現先將首都附近一帶之瓷泥詳加試驗，判定其質地，其已得結果者為棲霞山白泥西滑石（產地尚待調查）、無錫白泥、鎮江及首都紫金山等處泥質。

（丁）瓷釉之研究

對於白釉，上年已得有良好效果，製成三種，作為場中標準試驗材料，其後研究色釉，計已製成者為玳瑁綠、青黑、烏金、酡紅、鱔魚黃、紫檀釉、雨過天青等七種，除酡紅以外，結果均佳，而尤以紫檀釉為最。陶瓷繪畫所需之采色亦經悉心研究，力求避免國外之人造采色，多用本國天然礦石研製，例如錳紫用錳鑛，黃用生銻，赤

用青礬之類，計現已製成釉下采色九種、釉上采
色二十種、熔劑十種、釉上繪色用之水顏色十三
種，近復進而研究各著名古瓷色釉之已失傳者數
種，如祭紅、青瓷釉等，均已略有門徑，稍緩
當有若干成績可以報告。

以上為改善陶瓷工業之基本工作，待根基確定後，
再進而研究關於商業競爭之各事，如計畫機械以代手
工，用印花紙以代人工繪畫等。

（二）鋼鐵試驗場之籌備
（甲）電鑪之裝置
　　　場中房屋於上年十二月動工，至本年六月完成
　　　電鑪本身及其附帶變壓機之地腳，均隨房屋工
　　　程一齊做好，電機亦裝置完成。
（乙）其他機件之置備與裝設
　　　與電鑪密切關聯，為實現工作所必需之機件，
　　　如吊車、傾杓、烘泥心爐、溫鍊鑪、打風機、
　　　磨沙機及零星工具等，均由本所自行計畫，繪具
　　　圖樣後，或自製或託外面機器廠代製，業經著手
　　　分別裝設，在甚短期內即可完竣，以便開鑪。
（丙）儀器及材料之購備
　　　試驗場成立後，為應付研究工作之需要，業於上
　　　半年冬分別訂購相當之化驗儀器及藥品，現經運
　　　到已妥為陳列。至鍊鋼所需之鐵合金及瑩石等，
　　　於上年九月間購到鉻鐵、鎢鐵等九種，現正著手
　　　化驗以備應用。又化驗鋼鐵所需較量藥品之標準

鋼料，近亦由美國國家標準局購來炭素鋼及合金鋼各一，全套計二十五種，有此標準材料以較量藥品，將來鋼鐵化驗當愈益精密。

研究以外尚有其他工作兩項：

（一）審查事項

近年來國人對於工業之改善及機械之創造頗思有所發明，機件由本所審查多起，其已結束具正式報告者：

（甲）許用海之冷機說明書暨照相

（乙）張景桃之空氣機說明書

此兩項均經詳細審核，覺其均違反物理學上能力常存之定律，斷無成功之希望。

（丙）邢廣世發明之紡紗機兩部

經本所在該機等裝設地點實地試驗，並作審慎之討論後，認定該項機器若能繼續加以研究，從事改良，當可應用於產棉而未設紡廠之區，該機代理人黃昌鼎已著手籌畫繼續研究辦法，將來本所仍當視力之所及從事指導。

（二）調查事項

（甲）造紙工業之調查

上年夏曾派員往浙江杭縣、臨安、餘杭、富陽一帶實地調查，已刊報告，現擬俟設備略具規模，根據調查所得材料為工作上之研究，以謀改善。

（乙）杭縣宋官窯舊址之採掘

本年春間為研究青瓷，派員前往杭縣考察舊址，

採掘瓷片、破碎匣鉢、鐵腳等多件，瓷片上青釉經設法劀下，現已分析完竣，將載入專刊。

至關於將來計劃約舉如下：

（一）各種農具之製造

（二）紡織機械之製造及紡織工業之改進

（三）繼續研究陶瓷鋼鐵兼及能利用瓷窯與電鑪之種種研究

本所最近之出版品為：

（一）中央陶瓷試驗場工作報告第一期

（二）集刊第一號　王季同論文五篇

五、地質研究所

本所最近研究工作分為三組：

（一）地層與古生物之研究

注重揚子江流域及東南各省古生代地層發育之比較及紅砂岩造成之年代與其分布。

（二）岩石礦物礦床等項之研究

注重東南海濱各省火成岩之性質分類分布及產生之時期，揚子江流域鐵礦及其他金屬礦產分布之情形與其產生之方式。

（三）地質構造地質物理煤田油田及地下水等項之研究

繼續研究秦嶺中部、東部之構造，安徽、浙江各處之構造亦在分期調查，關於地質物理之研究，繼續以前未了之工作，考求岩石之彈性強弱等項。

　　以上各項研究首重野外之調查，一年來戰事未終，各方匪報頻仍，致本所若干原定計畫不能實行，調查之區不能不略有更變，然目的大體仍無十分差異。茲將三組研究已得之結果列舉如下：

（一）有脊椎動物之研究（附圖）　研究員王恭睦

（二）蜓科化石之研究（附照片）　助理員陳旭

（三）改正欣克二疊石炭紀植物化石之研究　受本所論文獎金留德學生斯行健

（四）中國東南沿海火成岩區之研究（附圖片）　研究員葉良輔

（五）浙江諸暨璜山附近鋅鉛礦床之研究（附圖片）研究員孟憲民

（六）寧鎮間之火成岩　助理員喻德淵

（七）江西北部修水一帶地質誌略　研究員李毓堯

（八）安徽和縣地質摘要　研究員李捷

（九）安徽和縣含山縣地質摘要（附圖）　助理員朱森

（十）江蘇西南部山脈之研究（附圖）　助理員朱森

（十一）研究陝西地質之經過　助理員趙國賓

（十二）浙江泰順景寧雲和龍泉慶元等縣地質誌略（附圖片）　助理員張更

（十三）用振動方法求岩石之楊氏彈性常數E（附記錄照片）　研究員吳筱朋

（十四）微量礦物分析法（附照片）　研究員孟憲民

（十五）化驗室工作（附表）　助理員李璜

　　至於此後之計畫則可分為四項：

（一）古生物與地層之研究

（甲）中國東南各處地層之發育

（乙）中國東南部陸相地層與海相地層比較的研究

（丙）四川盆地新生地層及其中有脊椎化石之研究

（二）岩石與礦產之研究

（甲）東南沿海火成岩之研究

（乙）大庾嶺一帶礦產之研究

（三）地質構造及地文之研究

（甲）秦嶺東部及淮陽山脈之構造

（乙）江西西北部山脈之構造

（丙）大庾嶺及仙霞嶺之構造

（丁）中國海岸之升降

（四）物理地質

（甲）高溫度下岩石彈性之變更

（乙）南京附近重力之變異

　　本所最近出版品計有集刊二種、小冊二種：

集刊第八號

　　湖北南漳當陽遠安等縣之煤田地質　孟憲民

　　湖北襄陽南漳宜城荊門鍾祥京山等縣地質

　　俞建章　舒文博

集刊第九號

　　秦嶺中段南部地質　李捷　朱森

　　陝西涇洛兩河下游之地質　趙國賓

　　扭轉天平之理論　李四光

　　應力與彈性之變形　吳筱朋

六、天文研究所

（一）紫金山天文臺路之興築

本所計畫之天文臺自上年院中決定設於紫金山第三峰，即於今春開始修築登山車路，以便運輸建築材料，由所長余青松選定路線，偕所中職員並邀蘇省府土地測丈人員養成所學生數人測量地形，繪成設計圖招標興築，現已完工大半。

（二）天文臺建築之設計

本所待建之天文臺為吾國之中央天文臺，非可因陋就簡，曾邀三家著名建築公司分別設計，擇優采用，結果選定基泰公司所繪者，其全體建築共分三部：

（1）天文臺本部

（2）子午儀室

（3）職員宿舍

本部之平面狀如西文字母之 Y 字，在 Y 字上部之二頂點處各築一圓頂室，在 Y 字下部之頂點處築一大圓頂室，全臺共分二級，第一級為辦公室、實驗室、儀器室等，第二級為辦公室、圖書室等。宿舍築於天文臺本部下側，共分三級，依山結構，全部形勢頗為美觀。

（三）重要儀器之訂購

儀器添購五種，現僅運到一種，其餘四種均在製造中，計開：

（1）子午儀一具，瑞士製，二十年底可以製竣。

（2）二十四吋徑迴光望遠鏡一具，德國製，二十一年

底可以製竣。

（3）八吋徑折光望遠鏡一具，德國製，二十年一月即可製竣。

（4）觀測變星照像鏡一具，美國製，二十年四月即可製竣。

（5）太陽分光寫真儀一具，美國製，現已運到。

以上為設備之計畫。至於研究事項則如下方：

（一）史日長編之寫定

研究員高平子著，目的在考查史乘中所載天象以及其他史實在時間中所佔區域之真數，而為數理的研究，故先將史乘中之年月日一以貫之，以儒略周日為系統，作不斷之日序排列，起於漢代迄於民國十八年。

（二）月輪估計度量之分配及其意義（脫稿）

研究員高平子著，常人無角度觀念之訓練者，凡應以角度表示者多借尺度以代之，如對於日月之輪面、彗星飛流之狀、兩星之距離等，均以尺度擬其角度，此文之旨趣在求角度與常人估計尺度二者間之關係，以及其他聯屬問題。

（三）流星論（付印）

研究員陳遵嬀著，觀測流星無需儀器，為天文研究中之最通俗者，本篇詳述流隕現象及其觀測方法。

（四）求氣溫氣壓對於時計變差之關係

按日校對時計，同時觀測室內氣溫、氣壓度數，

以備統計，由所中職員輪任工作，已繼續兩年餘，現仍在進行中。

（五）其他研究

本所職員研究之結果，除由本所直接出版者而外，尚有在所外發表者十餘篇，不贅述。又研究員高平子對於天文學名詞編定數百則，陸續送交教育部譯名委員會采用。

此外辦理時政事項：

（一）編製曆書以授民時

循歷年例代內政、教育兩部編定二十年國民曆，本年春並召集內、教兩部暨中央黨部宣傳部代表開會二次，討論修改曆書內容辦法，又編就二十年天文年曆，供私家研究天象暨步天測地者應用，編就二十年週曆，附載天文圖象藉以灌輸民眾天文常識。

（二）首都授時

依上年例，按日用電動發音機報音授時，惟上年係報告晚六時，現因南京已有日電，故改報午正。

七、氣象研究所

本所以屋宇不敷，今年三月於氣象臺後方添建圖書館及地震儀室一座，上下凡三層，復築環山道路以利上下，全境造林以養美景，添購圖書儀器，如太陽熱力計、雷電自計計、高空測候用器、地震儀等以供研究。

研究事項分觀測與研究二組，氣象觀測日有定時，準時記錄不容或爽，故本所人員於研究編述之外，大都兼司觀測事宜。

（一）觀測

又分測候值班與儀器管理兩項。測候天氣以每小時為單位，校錄儀器則於規定時間行之，復以每日觀測所得，參合國內外各方氣象報告，製定本日天氣圖並預告未來氣象。

（二）研究

除特殊問題，如雷雨、航空氣象等指定專員研究外，餘均由各員分任，茲將最近研究所得列舉如下：

（1）高空測候　測候員朱文榮　金詠深

（2）北平微塵　測候員黃逢昌

（3）南京一年來之颶　研究員兼所長竺可楨

（4）民國十七年來南京風向與天氣之關係　測候員張寶堃

（5）雲霧之成因　測候員陸鴻圖

（6）氣壓之變動　測候員呂炯

（7）論長江中下游在冬季雨期中之氣壓分布狀況　測候員劉治華

至關於承受委託事項亦有數事：

（一）預報天氣

每日下午五時氣象電報收齊後，即繪天氣圖立時預

告未來天氣，由中央黨部廣播無線電臺發表，並登次日中央日報以廣宣傳。又本院天文研究所、交通部滬蓉航空處、鐵道部、中美航空公司一年以來按日索取天氣報告。

（二）指導測候

各地初立測候機關，經營設備借鑑為難，凡國立大學、各建設廳局、各校測候所以及飛運公司派員來所實習或請求代購儀器者，無不竭力襄助。

（三）審查成績

本所受西北科學考察團之託，代為審查測候成績，共有記錄兩大箱，業已竣事，並采錄其重要臺站，如迪化、庫車、奇克、勝木等處之報告，以備研究，其新、甘各臺測候儀器由該團預請移交本所接收，本所一面委託人員正式接收，一面預函新疆省政府暫代保管，派員主持，自本年一月起已由該省府按月轉送氣象報告來京矣。

（四）計畫方案

年來各省當軸屢有建設測候臺站之議，委託本所代作具體之計畫，現方案已成漸見實施者，為湖南、浙江兩省。

此後研究計畫其要目如下：

（一）高空測候

（二）微塵計數

（三）極面學說

（四）日光熱研究

本所最近刊行之出版品為：

（一）氣象月刊　第三卷第二期已出版

（二）氣象年報

（三）測候須知

（四）航空氣象概要

（五）全國氣象會議特刊

（六）天氣圖（每日）

八、歷史語言研究所

本所研究工作向分三組：第一組史學各面以及文藝考訂等屬之，第二組語言學各面以及民間文藝等屬之，第三組考古學、人類學、民物學等屬之。

（甲）第一組

（一）最近數月中本組繼續整理明清檔案約二千麻袋又一百七十三席包，獲得重要文件甚多，詳見院務月報各期。

（二）研究員陳寅恪仍繼續蒙古史料之研究。

（三）編輯員徐中舒作「商代象形文字之特點」。

（四）助理員趙邦彥繼續整理唐代壁畫材料。

（五）研究員丁山成「說文闕義疏」。

（六）特約研究員劉復成「燉煌掇瑣中輯」。

（七）特約研究員容庚成「漢金文錄」。

（乙）第二組

（一）本組應用新到英國 Palmer 及 Human 公司各種語

言學儀器，以記方音。

（二）研究員趙元任根據吳語調查、粵語調查及最近調查材料作切語（祕密語之一種）之比較研究。

（三）研究員羅常培成「韻鏡校疏」。

（四）編輯委員趙萬里成「廣運校疏」。

（五）助理員王靜如研究中國上古複輔音。

（六）前研究員史祿國成「中國人體發育論第一編」英文。

（丙）第三組

（一）本組各員共同整理裝置安陽出土器物，以為將來展覽之預備。

（二）研究員傅斯年成「史之起源」。

（三）研究員李濟整理彫花骨器及陶片等，並成「十八年秋季工作之經過及其重要發現」。

（四）編輯員董作賓成「『獲白麟』解」，又繼續錄「骨卜考」材料，並成「甲骨年表」。

（五）助理員張蔚然成「殷虛地層研究」，並繪十八年秋季發掘地層圖。

（六）助理員吳金鼎成「斯坦因燉煌取經事略」及「總論斯坦因三次來華之行徑」二文。

　　至於本所最近出版品列舉如下：

（一）集刊第一本第二分

（二）安陽發掘報告第二期

（三）說文闕義疏　丁山

（四）金石書錄目　容媛
（五）清代官書記明臺灣鄭氏亡事

九、心理研究所

　　本所成立未久，數月以來全致力於購置設備及籌劃現在進行之測驗實驗，茲將測驗實驗之題目列舉於下。

（一）大聲對於習得行為之影響

　　此種實驗由研究員唐鉞及助理員李維錤、秦拱擔任，現正進行第一部，即訓練動物學習某種行為，俟此項訓練完了，然後施以大聲之驚擾，以視其影響，惟後一部工作須於此後行之。

（二）糧食種類與學習速度之關係

　　此種實驗由研究員唐鉞及助理臧玉海擔任，即以常食及素食兩種白鼠加以試驗，目下進行亦僅初步工作。

（三）以組織學的技術檢查糧食不同之白鼠其神經系
　　　有無可見的差異

　　此種檢查由研究員朱鶴年擔任，現已將神經實驗室布置完竣，將素食與常食鼠腦各一對用納氏染色法製成切片，研究此素食與常食鼠腦各部及各層細胞中的納氏體有否區別及特殊現象。

（四）對於兒童加以比納西蒙式智力測驗

　　現正由特約研究員陸志韋、助理員吳天敏預備智力

測驗材料，將已行之訂正比納西蒙測驗加以整理，並增加各種單獨測驗，從新分類列成順序。

十、社會科學研究所

本所研究向分四組：（甲）法制學組、（乙）經濟學組、（丙）社會學組、（丁）民族學組。

（甲）法制學組

（一）全國犯罪調查

由研究員王雲五與助理員嚴景耀、徐百齊、余敦和、褚祖良共同研究犯罪問題，從事於全國犯罪人之個別調查，以補刑事統計之不足，此項計畫詳載第一卷第八期院務月報，茲不贅。調查分四區進行，北區以河北、山西為代表，中區以兩湖為代表，南區以兩廣為代表，東區以江、浙為代表，南區、中區以軍事阻滯，無從入手，北區、東區則照常進行，北區方面由嚴景耀等於三月初前往河北、山西兩省各監獄實地調查，並赴東三省各監獄調查一切，以補南、中兩區不克進行之缺點，東區方面由徐百齊等前往江、浙兩省調查，此兩區均已調查完畢，現正著手整理工作之第一步。

（二）上海租界之研究

由研究員徐公肅擔任內容「上海租界的事實調查」與「上海租界的法律研究」兩部份，現正從事調查工作。

（乙）經濟學組

（一）六十六年來中國國際貿易統計

由研究員楊端六、助理員侯厚培自上年度開始著手以新分類方法將海關造冊處歷年所發表之對外貿易統計通盤重算，編成各種有系統之統計表，以明六十餘年來我國國際貿易之發展情形，此項工作繁重，審核校對又極費時日，近始出版，為本所專刊第四號。

（二）中國國際貿易研究

由特約研究員何廉擔任，內容分三部份：

（甲）六十年來中國國際貿易之趨勢

（乙）六十年來中國國際貿易之入超與出超

（丙）中國國際貿易貨物之分析

關於（甲）部已編成進出口物量指數、物價指數及物物交易指數三種。

（三）所得稅問題

亦由何研究員擔任，內容為：

（甲）所得稅之原理

（乙）各國所得稅之歷史

（丙）現行各國所得稅之比較

（丁）將來中國採行所得稅之建議

又助理員刁培然受研究員楊銓之指導，亦從事於所得稅問題之研究，刁君以今春考取黨部留學試驗赴美，聞對於此題將繼續探討。

（四）土地問題

由助理員高仲洽擔任，本題範圍極大，現所探

討者為土地之利用。

（五）中外文經濟雜誌索引

　　由研究員胡紀常、助理員樊明茂、沈鈁合編。

（六）統計學名詞彙

　　由研究員朱祖晦將習見之統計名詞盡量搜羅，考
　　訂英、德、法三國之術語以及日譯與中國舊譯，
　　而為規定一相當之譯名。

（七）會計學名詞彙

　　此書亦由朱研究員編製。

（丙）社會學組

（一）整理楊樹浦工廠調查之材料

　　楊樹浦乃上海工廠密集之區，其中尤以僱用工
　　人甚夥之紗廠為多，此項調查由前研究員王際
　　昌等，自上年九月中開始至本年二月終結束，
　　調查之對象以工人生活為中心，旁及工廠內部
　　之組織暨里坊、草棚、工房、市街、碼頭、棧
　　房、工會、茶館、押當等等之情形，所得材料
　　現正在整理中。

（二）組織保定農村經濟調查團

　　自上年八、九月間研究員陳翰笙等實行無錫二十
　　二村之挨戶調查，本年五月又與北平之社會調查
　　所合作組織保定農村經濟調查團，此兩處農村經
　　濟顯有不同。無錫工商發達，佃農占村戶全數之
　　百分三十九，保定自耕農較多，而工商業尚未發
　　達，無錫黏土種稻最多，保定沙土種麥最多，無

錫普通收穫一年兩熟，保定普通兩年三熟。此調查團由調查員、嚮導員、辦事員共六十六人組織而成，依農作地利分全縣為四區，每區中擇其最普通之村莊，作分村經濟、村戶經濟、城鎮分業及農戶抽樣四種調查，此項所得材料現皆尚待整理。

（三）整理無錫農村調查之材料

現在統計已竣者：

（甲）二十二村耕地面積與作物面積之分配

（乙）按各戶使用田畝之多寡分段觀察農戶與田畝之比率

（丙）一二○五家村戶人口之統計

（四）西北災荒之研究

由研究員陳翰笙等擔任。

（丁）民族學組

（一）組織東北通古斯族調查團

由研究員凌純聲、編輯員商承祖自本年四月起程，至七月底始回。標本、語言兩部工作在六月中已告結束，標本得十大箱，成績甚佳，文化、測體兩部至七月始畢事，其依蘭調查報告已登入院務月報第二卷第一期，內容略述：

（甲）依蘭史前民族石器之發見

（乙）五國城遺址查考

（丙）依蘭現存之民族

（丁）依蘭墾殖近況等

（二）整理臺灣番族調查之報告

研究員林惠祥於本年度初赴臺灣調查番族，攜回標本一百四十餘種，已有報告。

本所此後之研究計畫為：

（一）圓明園事件與國際公法

（二）我國國際貿易統計之改進問題

（三）上海公用事業之過去與現在

（四）上海俄僑調查

（五）經濟學名詞彙之編訂

（六）用揀樣調查法研究中國人口問題計畫書

（七）中國農村中各種借貸制度之調查

（八）江浙絲綢業之衰落與農村經濟之關係

（九）中國迷信之民族學的研究

（十）國內各民族之調查

（十一）對於吾族手工時代習用之農具工具及其他器物與夫舊時習尚為有系統的采集與分類陳列

（十二）整理各項調查已得之材料並繼續研究工作未完之事項

至於本所最近出版品則有左列數種：

（一）專刊第三號　臺灣番族之原始文化　林惠祥

（二）專刊第四號　中國最近六十六年來國際貿易統計　楊瑞六

（三）專刊第一號　畝的差異　陳翰笙等

（四）專刊第二號　難民的東北流亡　陳翰笙等

附注：
上次報告中之專刊第三集「上海社會研究的背景」改為
叢刊第一號。

十一、自然歷史博物館

　　本館開辦未久，設備未充，至今猶在籌備時期，
茲將數月中之研究經過分述於左。

（一）組織貴州自然科學調查團

　　鑑於貴州境內動植物出產豐富而前往采集研究者
極少，特組織調查團於四月十二日由京出發，經重慶轉
入貴州境道，出桐梓、遵義沿途采集，至六月中始抵貴
陽，即分動物、植物組各二隊分途調查，以期於該省各
區動植物之種類分布得一詳細之研究。該團采集之成績
甚佳，計動物組所得：

（一）哺乳類五十餘頭

（二）鳥類一千二百隻

（三）爬蟲類一百一十餘隻

（四）兩棲類一百二十餘隻

（五）魚類四百餘尾，約八十種

（六）無脊椎動物約二千餘件，凡六百數十種

　　植物組得植物標本二千餘號，計二萬餘份。又以
曾受本院化學研究所之委託代為調查貴州藥用植物，故
該團對於該省藥材極為注意，計采得藥用植物凡三百
餘種。

（二）交換植物標本

　　二月以來收到國內外大學及生物學研究機關寄來標本共六千六百二十種，本館將所餘廣西標本分成十份，均分別注明學名附以野外記錄寄與各交換機關。

（三）擬定植物標本分類方法

　　助理員蔣英參考金陵大學及中山大學所用分類方法，並斟酌本館情形，擬定一種新法試用。

（四）添製動物骨骼標本

　　動物骨骼在分類上極為重要，本館有鑒於此，特注意於各項骨骼之製作，除供陳列外，兼備將來研究之用，並函貴州自然科學調查團動物組，請其對於各項骨骼加意保存。

（五）技師秦仁昌赴歐考察研究

　　技師秦仁昌代表本院出席本年八月在英舉行之第五次世界植物學會，已於四月間啟程赴滬，沿途考察歐洲各國之植物學研究機關。

（六）新著付印

　　上年冬日本對支文化事業局派岸上鎌吉博士來華調查長江上游水產動物，本館曾派員參加其調查，所得結果分由本館技師方炳文及留法之張春霖、伍獻文二君共同研究，除方技師之「長江上游鮡類新種誌」已出版外，尚有張君之「長江上游鯉科誌」及伍君之「長江上

游魚類誌略」二文亦已於九月付印。

（七）添建房舍

本館設備日增，房產已不敷用，現已添建平房宿舍五間。至陳列室及動物、植物園之建築亦在計畫中，動物園將設於欽天山，植物園則設於清涼山。

本館最近之出版品如下：
（一）叢刊第三號　廣西平鰭鰍類新種誌　方炳文
（二）叢刊第四號　長江上游鰍類新種誌　方炳文
（三）中國蕨類植物圖鑑　秦仁昌

本院各項工作具如上陳，對於將來之進行計畫亦已分述於各所中，至於總計畫則在以全力充實現有各機關之房屋、圖書、儀器及人才，以達最低限度之工作需要。惟是成立迄今，既未支領開辦費，而每月之經常費近亦拖欠至數月之久，即財政部准撥之十八年度建築臨時費四十萬元至今亦未撥分文，故雖勉力撙節開支，購置設備，而進行終覺紆緩，當此軍事告終，建設方始之時，深念本院職務不僅在純粹科學研究，樹吾國文化之基，亦當注意於利用厚生以為實業發展之助，舉凡有關係於國防與經濟之科學調查及研究，均當積極進行，無或稍懈，使命重大，深自兢兢策勵而贊助之，不能不有賴於黨國先進焉。

國立中央研究院組織圖

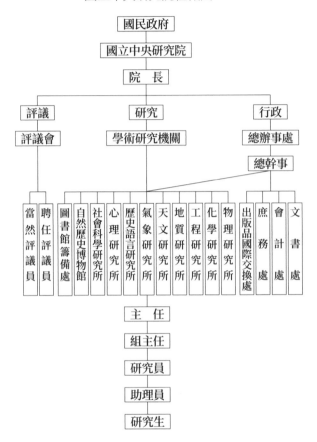

圖中所列研究機關以已設立或在籌備中者為限

國立中央研究院本年度總辦事處人員統計表

民國十九年十月三十日

職別	院長	總幹事	主任	顧問	職員	合計
人數	1	1	4	2	17	25

國立中央研究院本年度研究人員統計表

民國十九年十月三十日

職別 所別	專任		
	研究員	技師	編輯員
物理研究所	4		
化學研究所	5		
工程研究所	5		
地質研究所	8		
天文研究所	3		
氣象研究所	1		1
歷史語言研究所	8		4
心理研究所	2		
社會科學研究所	10		1
自然歷史博物館		2	
合計	46	2	6
共計	54		

職別 所別	兼任研究員	名譽研究員	特約			
			研究員	編輯員	外國通訊員	計劃委員
物理研究所		1	5			
化學研究所	2					
工程研究所						
地質研究所	1	1	5			
天文研究所			5			5
氣象研究所			1			
歷史語言研究所			11	2	3	
心理研究所			1			
社會科學研究所			12			
自然歷史博物館						
合計	3	2	40	2	3	5
共計	3	2	50			

所別＼職別	助理			合計
	助理員	調查員	技術員	
物理研究所	7			17
化學研究所	6			13
工程研究所	3			8
地質研究所	12			27
天文研究所	5		1	19
氣象研究所	3		8	14
歷史語言研究所	13			41
心理研究所	3			6
社會科學研究所	11	5		39
自然歷史博物館	1		5	8
合計	64	5	14	192
共計	83			192

參謀本部報告書

　　竊本部職掌國防，值國內變亂紛乘之際，對外之工作殊鮮積極進行，對內用兵事宜反佔工作之泰半，此不勝其遺憾者也。查訓政工作年表，本年度應辦事項經辦在三月以前者業已具報，三月以後正期亟力進行之始，適值閻馮勾結叛變之時，我總司令毅然討逆，本部職員紛紛出動擔任討逆工作，或參帷幄，或司諜查，以致部內工作或以人事或因經濟似形遲滯，然留部職司人員亦仍本其奮鬥之精神，從事應作之工作，夷考成績似未落後，茲謹分項敘述如左。

一、擬具國防政策實施方案

　　近世各國對於國防物質建設處慮周詳，而於精神訓練更能克盡國防意旨，國家有事，全民皆抱戰鬥之決心，以犧牲於國家為榮譽。觀諸列國，頻年實驗，演習全國總動員，以作抵禦外侮之假想，可為明證。本部為計畫國防之機關，以國防事業與國家庶政密切相關，其屬於軍事者自應另有規畫，至於軍事以外各種政務之宜與國防相聯繫者，亦視為等同重要。乃擬具國防政策實施方案，就國民政府以下各機關之施政範圍與國防有關係者咨請實施，使國防物質與精神建設同收指臂相助之實效。

二、擬定日內瓦軍縮會議提案

　　戰後十年各種和平非戰保安仲裁諸運動略有成

績，惟裁軍問題雖經六次會議，從未得切實解決，故有
第七次會議之召集。吾國為國際聯盟會員之一分子，決
派代表參與會議，於本年五月間根據吾國之國情及國際
相互之趨勢，擬具本屆國際裁軍會議之中國提案，並製
定於會議期內應付列強之方針，使世界和平有所保障，
而吾國安全不致妨礙。將來會議開成，本部更參照列國
與會代表之主張與及吾國對外之方針，隨時擬具裁軍原
則，俾吾國出席代表有所根據。

三、擬具全國內政會議提案

　　吾黨政府以奉行先總理遺訓整頓庶政為務，當此
馮閻諸逆次第剿除，地方治安漸趨敉平，內政部召舉行
全國內政會議之規畫，然查內政範圍內關於人口、戶
籍、糧食、車馬之調查與統計，移民殖邊計畫之運用，
民團警察之訓練，國疆界線之整理，與乎國際間諜之
偵察，均與參謀本部之國防計畫關聯密切，故依據吾
國國情與需要，並就內政部之可能範圍內，提出數款
以備施行。

四、審查與國防有關之中外典籍

　　近百年來中國備受帝國主義者之凌夷與壓迫，時
至今日，仍受不平等條約之束縛。當此實施訓政之秋，
整理國防已為吾人普遍之要求，亦為實施百政之先務，
於海陸空軍要塞等國防工具更應從新整理，以求自固吾
圉，惟是北伐甫告成功，馮閻諸逆隨之而起，背叛黨
國，中央致全力於討伐，一切建設未遑實施，本部職員

泰半調赴總司令部服務，留部職員因此致力於審查與國防有關係之中外典籍，以作計畫國防之考鏡。

五、調查各國陸海空軍之軍備軍制

平時部隊為戰時部隊之幹，故平時編制為戰時編制之本，而戰時編制又為作戰之本，然其制之良窳與戰鬥力之攸關實非淺少。查我國陸海空軍各部隊編制不一，運用作戰當感不便，本部為補救於來茲計，自本年三月以來積極計畫平時編制，以便將來規定戰時編制。又以國防軍備之編制應衡於各國軍備之現勢而確定，故調查各國最近軍備，翻譯列強最近軍制之報告，列強陸海空軍平時與戰時兵力及編制，列國歷年國防預算表，國防物質出產表，人口面積表，列強各兵種編制表，英美法意日五國海軍軍備限制條例，日本近代戰費統計表。

六、計畫徵兵制度之推行

兵役制度莫善於徵兵制，乃為現代國家公認之通例。吾國應實行徵兵制，亦為第一次全國代表大會對內政策第七項及五中全會所決定，本年度原定在連合有關係各部成立徵兵委員會，商定徵兵局條例與徵兵區事務組織條例及徵兵法，呈請政府頒布。乃自三中全會閉會以後，適值閻馮叛變，軍事重新六月之久始告平定，因之原定計畫未能按照舉行，而實際上之工作亦不得不略加變更以為適應現時之需要。若按現在我國募兵之沿習，驟然實行徵兵，非一時所能達到，蓋徵兵制實行之

先，關於兵額及經費必須有詳細之規定與全國戶口調查完備，以及人民略解兵役義務之意義方可頒布。由此觀之，際此過渡時期應先實行徵募制，乃為徵兵準備時期較為妥切。故從事於徵募制之準備，擬就陸軍徵募計畫草案，又擬提出內政會議，關於全國戶口之調查及人民職業居住生婚遷死之填報各項意見，以備徵兵計畫之推行。俟國內軍事統一，連合有關係各部共同討論陸軍徵募計畫案呈請政府頒布，以期次第舉行，並經蒐譯日、法等國關於徵兵事項，俾共此後具體計畫之參考。

七、陸軍動員計畫

查中國人口戶籍無正確之統計，物資徵發無相當之準備，故於國家總動員之實施未易辦到。惟軍事動員應有相當之設施，本年度原定先將人員、馬疋、兵器、戰鬥物品與動員時交通通信上器材以及軍隊衛生復員方法等項次第調查，以為計畫之根據，惟因逆軍倡亂，軍事重興，未能調查，今軍事將告結束，繼續按原定計畫分別實行。

八、整頓海防計畫

自華盛頓會議以來，各國雖以裁減軍力，限制軍備互相號召，似真欲造福人類而圖世界永久之和平也。然而細觀各國之舉動，乃殊有令人失望驚駭者。蓋各國不但不誠意以作世界永久和平之企圖，反窮心竭力而為新戰鬥器之準備，擴充海軍以遂其略取政策，觀諸英、美、日之增造軍艦、擴充海軍與乎新軍港之建築，更知

其視線咸集於太平洋，而所謂遠東問題者即中國問題，苟海上武力之現勢不能資以自衛，則吾國一萬二千餘里之海岸線無以保固，將來各國以戎衣相見，吾國縱不加入戰團，預計損失必將重大，故海防計畫實為當務之急。以現時海軍實力如斯微薄，誠不能與外國抗衡，惟是造端之始，本部特就現狀計畫徐圖發展，本年度先擬定海軍編遣草案、海軍艦艇及人員編遣草案、新海軍建設草案、國際聯盟軍縮會議海軍提案，又以水陸圖表及影片至關國防，故會同海軍部擬定審查全國水陸圖表條例、水陸圖表審查委員會規則，至於海防計畫，現尚在精確計畫中。

九、研究威海衛建設軍港

威海衛為吾國渤海之門戶，自英國租借而後，旅大、青島相繼而入他人之手，吾國各海之領海權多非吾有，迨華府會議青島判還吾國，英、法宣言歸還威海衛、廣州灣等要港，正當吾國收回領海之際，本部於交收威海衛時特派員赴威調查港務，研究威海衛之應否建設軍港，以便將來之取舍，並擬定處置威海衛之方式，以資建設。

十、整頓全國各地要塞計畫

要塞為國防重要之工具，無論戰略採用守勢抑攻勢的國家要塞均關重要，本年度本部對於要塞工作計分內業、外業二項，因內業工作以外業為衡，故於本年三月以來分派專員赴各要塞區實地考察，以為改良之標

準，纂有：

（一）沿海一帶要塞調查報告書，

（二）考查廣東要塞報告書，

（三）考察青島要塞報告書，

（四）考察江寧鎮江及吳淞要塞報告書。

關於內業部份，大概為整理及新建設各種計畫，擬有：

（一）江陰要塞情形及其改良計畫，

（二）鎮海要塞情形及其改良計畫，

（三）改良要塞編制及操法意見書，

（四）各要塞最小限之改良建設，

（五）沿江要塞改良及建設之要領，

（六）檢查砲之適用程度，

（七）對於現有海岸要塞之一般的提議，

（八）現有各砲台之各種批評補充及備辦輔助器材之提議，

（九）砲台建築原則，

（十）要塞計畫進行之注意，

（十一）十五生的砲之陣地，

（十二）關於探照燈事，

（十三）射擊方法，

（十四）台疊訓練及戰鬥訓練，

（十五）關於改良現砲台設備及購辦輔助器材之原則，

（十六）訓練及射擊演習，

（十七）檢查彈藥及彈道學上之性能，

（十八）寧鎮要塞計畫，

（十九）揚子江口要塞計畫書等。

十一、擬定養成空軍參謀人材辦法

　　歐戰時期航空器之發達最速，陸軍各師均附屬若干隊，並編成獨立空軍單獨作戰，而收良好之效果，因此陸、空兩軍之協同作戰極為重要。查吾國國內各次戰役均有空軍參加，但於指揮運用上多有失當之處，未能盡量發揮其能力。推原其故，則由於指揮者缺乏航空智識，而航空人員欠缺軍事學理也。本部為補救計，擬定本標兼治之辦法，養成空軍參謀人材，以收實效。

十二、擬定取締商用飛機辦法

　　取締航空器之辦法已載在航空條約，吾國商業航空創辦多年，對於取締章程尚未實行，殊與國防、商業均有妨礙。本部為防微杜漸，與交通部會訂郵運航空器乘客運貨取締規則，制止商用機對於要塞防區上之一切行動。

十三、國內調查事項

　　關於此事項，前擬在編遣會議時俟各區點驗完竣，通令國內各軍將其人員、馬匹、槍械、服裝、彈藥等分別按數具報而統計之，俾明我國軍實之現狀。嗣以討逆軍興，對於以上各項增添損失俱無一定，此事遂難於著手。除隨時在可能範圍內搜集調查外，現擬製定各項調查表冊，在軍事結束後，即分發全國陸海空各軍，令其確實填報，然後再派員勘察。

十四、國外調查事項

　　國外調查乃為明瞭各外邦軍事之準備，及對我善惡
之表現，並參查其器材之發明、教練之改進起見而設
也，除已製定陸海空軍駐外武官條例、陸海空軍駐外武
官辦事細則、陸海空軍駐外武官各種經費及員數等表，
按情形之緩急逐漸分別著手派遣駐外武官施行調查外，
並擬在東北邊境以外各重要地址派遣諜員作祕密之調
查，而在未派遣武官之各國，或與我國毗連之各國屬地
中，擬會同外交部令各駐在地之公使、領使等時作軍事
上之報告以補助之。又購定外國軍事之新穎書籍、雜
誌、報章等逐日翻閱之，並收集遊歷各邦之我國人員
各項之報告，其有關係重要者擇而錄之，亦調查之一
助也。

十五、兵要地理調查事項

　　為明瞭各處山川之形勢、交通之境況、出產之種
類數量、居民之多寡、風俗人情，而為國防之設備起
見，兵要地理實有重要價值。除已徵集全國各縣縣志及
整理前北平參部關於兵要地理之舊檔案，作為兵要地理
之參考外，刻擬將全國劃分區域，按其緩急，分別派員
勘察，而在未派遣兵要地理調查員之先，擬通令全國之
陸海空軍參謀人員對於駐在地宜施行兵要地理之調查而
報告之。

十六、軍事宣傳事項

　　軍事諜查及宣傳工作關係國防至為重要，故平時

關於國內外各報章雜誌等軍事新聞之紀載之搜集，並藉以發表宣傳，防止洩漏機密。

十七、軍事工業計畫

（一）調查全國各兵工廠最近製造狀況，以為製定兵工廠發展計畫之參考。查漢陽、金陵、廣東、上海、新城、鞏縣各兵工廠，業經製表計畫，惟太原、遼陽因未見復，尚未列入。

（二）硫酸廠草案現已擬就，正在審查中。

（三）調查全國石油礦開採情形，以為製定石油礦開採計畫之參考，其石油廠計畫草案亦經擬定，現在審查中。

（四）製定製式兵器之意見，實為製造兵器之標準，業經詳加討論，附具意見書提出於兵工署。

十八、補給計畫

調查全國各部隊現用各種武器、彈藥種類數目及各項材料、裝具、器具種類數目，並被服種類數目以為製定各項補給計畫之參考，現正調查中。

十九、交通計畫

（一）調查全國鐵路之形狀，為修築道路計畫之參考，業准鐵道部咨復並附送計畫圖冊等，正在進行中。

（二）調查已成及擬修各汽車路之路線、名稱、距離等，為修築汽車路計畫之參考，各省尚未復齊，

已復者均已製成圖表。

（三）規定民用航空路線，以備製作空中交通計畫，正在進行中。

（四）調查河川情形，為治理河川及水上交通計畫之參考，各省尚未復齊，已復者業已分別製圖成表。

（五）製作國防鐵道建築計畫，正在計畫中。

（六）製作運河疏濬計畫，業向與運河有關係各省去函詳查，一俟復齊，再作具體疏濬計畫。

二十、輸送計畫

（一）調查已成鐵路設備情形及各種車輛數目，為鐵路輸送計畫之參考，各線路尚未復齊，已復者業已分別列表備考。

（二）調查各河流船舶種類及數目，為船舶輸送計畫之參考，已得復者業已分類列表備考。

（三）調查可供軍用之汽車數目及容載量，為汽車運輸計畫之參考，各省尚未復齊，已復者業已製表備查。

（四）調查各地運輸器材之種類及容載量，以備製作徵用計畫，正在調查進行中。

二十一、通信計畫

調查現有有線、無線電信通信狀況，以備將來設備計畫之參考，已得復者業已分別製表備考，調查電話情形亦同。

二十二、衛生計畫

調查現有陸軍醫院及普通醫院狀況，以備將來設備計畫之參考，各省及各市尚未見復齊全，已復者業均分別列表備考。

二十三、陸海空軍參謀之任用

參謀之任用，現已擬定參謀人員任免條例呈請國府公佈，以為任用標準，然後調查各級參謀人員之履歷以及服務年限，同時調查陸海空軍各機關各部隊編制，免有紊亂，並擬訂各級參謀服務條例，以示限制。

二十四、各省陸地測量人員之任免

調查各省陸地測量局及測量學校現有教職員之履歷，以資審核。

二十五、參謀教育

國內陸大第八期學員已於十月二十五日考試，畢業者一百名，考送日本陸大學員者十四名，部內職員學習各國語文者，已開辦日文一班。

二十六、軍隊演習

擬定秋操計畫及秋操經費預算書，以及國外觀操經費預算書等，此次派往日本觀操者十三員。

二十七、章制事項

擬具意見書，提出修正參謀本部編制草案。

二十八、戰史事項

編纂各期戰史大綱以及搜集北伐戰史材料，從事編纂。

二十九、大地測量事項

全國大地測量事務業經召集測量會議，訂定各種計畫呈奉國府批准在案，惟各局預算迄未奉核定，所有業務尚未能按照預定計畫積極進行。茲將總局已辦理之事項摘要列舉如左。

（一）施行京杭一等幹線水準點之選定及埋石路線長約五百公里

（二）購置一等水準點標石共三百餘件

（三）訂購三角科大地測量儀器共約二萬元（業於八月內匯款至柏林訂購）

（四）修測首都附近二萬分一地圖十三幅

（五）計算及編製經緯度各種用表

（六）模繪及清繪各省圖及連界圖並郵路圖八百二十餘幅

（七）製各種地圖亞鉛版一千二百五十餘塊

（八）印刷各種地圖二百二十七萬二千餘張

三十、國防測量事項

國防以沿邊區域為最重要，關於邊疆測量須利用航空攝影成圖方能迅速，業於本年三月間開辦航空攝影測量研究班，考取各省學員二十七名，購備各種儀器二萬六千餘元，並聘定外國教官二員擔任教授，約明年三

月畢業，一俟畢業後擬即編制測量隊，按照已定計畫施行沿邊一帶測圖。

三十一、測量教育事項

　　中央測量學校預算業奉核定，但經費尚未領到，故該校尚未成立，現已積極籌辦，擬於最短期間內開課。茲將已辦理之事項列述如左。

（一）招考簡易科製圖班學生三十名，業於本年三月開課。

（二）建築中央測校教室樓房一所，平房十五間，業於本年八月內竣工。

（三）中央測校所需木器及各種零星物品均已購備。

三十二、測量法規事項

　　各種重要法規前已訂定呈奉批准施行在案，茲將本年三月以後擬定之各種條例規則列左。

（一）陸地測量人員俸給條例

（二）各省陸地測量局售圖規則

（三）各省陸地測量局地圖製印保管規則

（四）陸地測量總局編譯書籍暫行規則

以上各案業經呈奉批准施行。

（五）各省陸地測量局服務條例草案

（六）中央陸地測量學校教育綱領草案

以上二案業經擬定，不日呈請核示。

　　綜上所列或係已辦或正辦理，然已有具體計畫而未克實行者亦夥，例如國內外各項調查及駐外武官等事項，雖條例公佈而經費待籌，凡此諸端悉為本部國防工作上重要部份。世界充實軍備，諸國對於國防上祕密軍費無不充分供給，蓋有由來也。本部工作一切須依國防計畫，而國防計畫除國內外政情而外，要以隣邦兵備為必知之基礎，故今後工作之進行，似亦以此為亟亟。他如統一軍令、軍政計畫，海防、空防、確定平戰兩時編制、徵兵及動員之諸種計畫，均有待於次第施行者也。

訓練總監部報告書

　　竊查本部成立以來，關於一切工作，經依據訓政綱領，按所管職掌擬訂訓政時期逐年工作分配年表，按期分別進行。已往實施情形迭經呈報有案，迨本年三中全會以後，所有工作雖仍按預定計畫賡續進行，只以討逆軍興，應欽暨步兵監賀國光、礮兵監張修敬、工兵監吳和宣、政治訓練處長周佛海等暨部中多數職員先後奉調前方參加討逆，且以本部職掌中主要之軍隊教育，適以軍隊從事作戰，各種預定教育多有未遑實施。次如軍事學校教育，中央軍校七期生適屆畢業分發部隊服務，八期新生甫經錄取入伍訓練，而初成立之高級班學員又復全部參與討逆，因是教育進行之程序亦不得不略事變通。更以軍興以後影響財政，凡百設施之經費俱感困難，遂使本部應舉辦之事業，如陸軍各專門學校之創設，國外軍事教育之考察調查，歐美日本陸軍留學員生之官費考送，各兵科教導隊之設立等等，大都因籌費之難，而量為延緩，以待軍事結束後之次第舉辦焉。際此期間，本部工作之進行雖事實上有若干阻障，然仍排除困難，積極進行，所有軍事教育必需之各種典範令與參考圖書分別提前編審呈准頒行，為整理軍隊教育之準繩，復編訂戰時教育各種計畫方案，以為作戰部隊實施戰地教育及補充兵教育之標準。更就國民軍事教育與教育部接洽進行，多方整頓，期各學校軍事訓練之普及與一般國民體育之發達，以充實國防之要素。至政訓處人員，半載以來全部隨軍出發，實施討逆宣傳工作，近始

回京。他如留學事務，雖以財政關係未能官費考送，然仍設法變通，凡軍政機關公費派遣之合格人員，均酌量考送，其已送國外留學者，則分別使之入校畢業，歸國者測驗後分發任用，使軍事專門人材之養成無中斷之虞，且得隨世界軍事學術進步之潮流，樹國軍改良進步之基礎。至於各種專門學校之籌辦，亦先從事計畫，俟至相當時期即可次第籌設。其他凡與軍事教育上攸關事宜，亦皆儘事實之所能相機處理，或協同關係部署共策進行，或有所見而與以建議。此為本部最近工作之概要也。至各項工作實施經過情形，更臚陳如左。

一、軍隊教育事項

本部對於軍隊教育之進行計畫，原分三步，先按我國國情及軍隊現狀決定關於軍隊教育上一切法制，並釐定各項典範為統一軍隊教育之張本，次則督促各軍隊教育之實施，而加以指導，再察閱各項教育之成績，而謀改良進步之道。本年以來所有軍隊教育令及各兵科操典均先後頒布，各種教範亦陸續編訂印行，對於軍隊教育之法制準繩規模粗具，惟以討逆軍興，各部隊均參加作戰，本部主管軍隊教育之各兵監人員大都奉調前方工作，遂使預定進行程序不免稍形停滯，然仍力求救濟之方，編訂戰時教育要領，備分飭部隊相機實施，以補助焉。現在軍事已告結束，統一告成，將來關於軍隊教育仍當按照預定計畫切實施行。茲將本部主管軍隊教育各兵監本年三月至十月間工作經過摘陳如左。

（一）步兵監工作經過

　　本監基於本部訓政時期逐年工作大綱，分配本年度（即十九年）之工作，其工作上首要之點即在繼續審查十八年度已編成之典範令，及應在本年度編輯之典範令（查軍隊教育令、步兵操典業已頒布），而期早日頒發，俾作軍隊教育準繩。其次則係調查目下我國軍隊之狀況，依其考查之結果為改善各種典範令之地步，以期指導教育進步之齊一。如有關係各軍事機關者（軍政部、參謀本部、航空署），則由各部署議訂之，其餘須由實地試驗操作者，則分別實地體驗之。譬如軍隊教育令，雖已頒發各軍隊具領，第恐各部隊對於實行上有所不明之虞，特印發軍隊教育各級計畫表範例（業已頒發各軍具領），以供各部隊之參考。又為適應環境，督促本年度教育進步計，會頒春季教育計劃，詎料此計畫甫經頒發，閻馮竟又稱兵中央，大張討伐，各部隊紛紛開赴戰場矣。復會同各關係機關草擬戰時軍隊教育要領，藉資補救。戰事初動，本監職員多調赴前方，尚幸步兵各種典範令，如戰鬥綱要、步兵射擊教範、步兵通訊教範、步兵作業教範、步兵機關槍操典、步兵砲操典、體操教範、劈刺教範等，業已次第付印頒發。現在軍事結束，人員歸復之後，當可按照預定而實現也。

（二）騎兵監工作經過

　　查本監工作年表中，第二年度（即十九年）重在指導各隊教育之齊一及其進步，所以曾經協同有關係之各部署議訂軍隊教育令呈請頒布在案。又為督促各隊教育

之進步，亦曾先後頒發春季教育計畫及戰時軍隊教育要領之二種於各隊，一面努力編定各種操典及範令，以為軍隊教育之準則，惜其間戰爭勃發，本部幹部之大部分調赴前方，其工作未免因之發生障礙。現在對於軍隊教育上所必需之典範令，除一二與專門器材及定式有關係者尚未能驟然可以決定外，大部分均已頒布矣。此後一俟復員完畢，則指導改進必可照預定而實施焉。

（三）礮兵監工作經過

　　本監三、四月間工作狀況，按照訓政時期逐年工作計畫預定表第二年工作分配項下實行畫一教育、補足火砲裝備，以期其砲兵之操作及初級軍官之指揮，而有進步及齊一之成果。如視察武漢獨立第一、二、三砲團，與參加校閱中央軍校指導隊及第一師砲兵團，是即著手進行之辦法也。自五月迄今，因張兵監修敬奉總部令為討逆軍第一砲兵集團指揮官，率各級監員隨往平漢方面，只派監員一人代理全監事務，茲謹以分別辦竣之件敘述於後。

（1）調查砲隊之結果

　　　現時吾國陸軍暫行砲兵編制，分為師屬砲兵營及獨立砲兵團兩種。依調查其一、二部分之結果得知，各團營之教育程度既無進步又不齊一，較之列強落伍太甚。然察其所以，則有原之者，一原於火砲之種類有複雜及不堪用者，二原於教育之方法有過舊及各殊者，三原於馬匹、車輛、乘輓、馱馬具等有全缺乏及若干使用者，觀此可測

知，未及查考之砲隊亦多原於上列三項，無砲兵真價，故改良砲隊之教育不可不亟亟進行也。

（2）改良教育之進行

基上述砲隊情形之原因，故以編輯野戰砲兵操典草案於一月間印成分發各部隊分別具領，使其依之為改良教育之準繩，今又規定野戰砲兵之裝備分類統計調製一表，陸續印發，使其依之為補充兵器之標準。因討逆軍興，遂未一般施行。次以改訂野戰砲兵射擊教範草案於六月間公布出版，與野戰砲兵操典草案相輔，使其依之為研究射法之法則，但部隊開往前方，時常調動，無法探悉發給。至於操典及射範之內容，則是搜集外國典範及參考書，擇其適切吾國砲隊之用者，酌量更改，以期於事實上程度上漸漸推陳出新，而有與列強抗衡之可能。

（3）操典及射範之內容

野戰砲兵操典草案係參照日本昭和四年出版之砲兵操典及大正九年出版之砲兵操典草案、射擊教範草案，擇吾國現有野山砲之較稱優秀者，附以日本三八式野砲與六年式山砲規定制式及操作，其所定之編制即根據去年六、七月間公布陸軍暫行編制是也。

野戰砲兵射擊教範草案係參照民國十七年改訂野戰砲兵射擊教範草案及日本大正九年發行野戰砲兵射擊教範草案與日本昭和二年特別陣地攻防演習參考書，原有射法悉予保存，更酌量加入關於

效力射準備及觀測之事。

嗣後依兩種典範所規定者督促各團營施行，隨時徵集各方面之意見，博採參考書之材料加以研究並審查，取於典範中所未論及之良法及新法，以備將來修改之也。

(四) 工兵監工作經過

本監十九年度之工作，基於訓政時期逐年工作計畫預定表第二年度之工作分配，其首要之點即在修訂第一年度之編成典範草案，並各軍隊之一般教育、軍事教育、特業教育，要求按照典範草案及教育規章施行全期之完全教育，或試行部分之改正。乃因時局關係，軍隊之調動頻仍，駐軍靡定，在第一年度既不能得確切之調查，且無從徵集各學校、各軍隊對於典範草案之意見，故第二年度之修訂典範草案事項及施行完全教育或試行改正事項亦無從實施。本年三月軍事發生，本監自兵監以下各職員多派赴前方工作，雖屬應實戰之要求，實亦為各軍隊工事之指導也。茲將前方工作經過約略陳之。

(1) 本年三月奉令派赴永城一帶構築工事，兵監率同各職員馳赴該地視察地形後，派張監員應儒擔任渦陽工事，計構築大支撐點五、中間陣地工事周圍九公里餘，於四月底公畢回部。

(2) 六月九日奉令成立築城本部，兵監兼任委員長，派張監員應儒構築歸德、虞城工事，歸德一線計長七十餘公里，均高胸牆外壕，並在小扒集、水池鋪、劉双橋各築大支撐點一。虞城一線計長

六十餘公里，均高胸牆外壕，內有大支撐點一。於七月二十七日公畢回部。

（3）八月二十七日奉令派附九江構築工事，由張監員應儒、韋監員兆熊擔任，計長九公里，內有大支撐點五，於十月十五日公畢回部。

此外監內工作係將第一年度所編訂之工兵操典草案、交通教範草案次第出版頒發各軍師旅團具領，惟野戰築城教範草案亦已印就，不日頒發。目下軍事敉平，前方職員已陸續回監服務，預定計畫當可按期實現也。

（五）輜重兵監工作經過

本監前因我國陸軍對於輜重科人才最為缺乏，輜重部隊之設備亦未完全籌畫，進行頗感困難，去年曾創辦輜重研究班於中央軍校，即為養成輜重專門人才而設，於本年四月卒業，但卒業後適因討逆軍興，致本監所擬計畫又未能實行。現軍事敉平，正與軍政部協商辦理，輜重部隊建設事項正在進行會商中。至關編譯書籍，除輜重兵操典已頒發外，其已譯述各書均已次第出版矣。

二、軍事學校教育事項

本部主管軍事學校教育計分二類：（一）各兵科專門學校、（二）陸軍軍官學校。茲將本年度辦理經過略述於左。

（一）各兵科專門學校籌擬進行事宜

　　查我國各兵科專門學校尚未設立，本部成立後對於籌備設立正在積極進行，分期辦理，前已列入本部訓政工作分配表內及說明書內，本年度即按照預定計畫切實籌辦。無如討逆軍興，經費奇絀，以致一切籌擬計畫阻礙殊多，無從著手。現在軍事平定，仍當按預定步驟分別進行。茲先將本年度籌擬情形略述於左。

（1）步兵專門學校

　　現已釐定章制並搜集各國成例以為參考，正在進行中。

（2）騎兵專門學校

　　查該校在本年度只在籌擬，明年度方屆成立之期，現本部騎兵監正協同各兵監擬議進行方針，期其實現。

（3）砲兵專門學校及砲工學校

　　查訓政工作預定表規定第一年籌備砲工學校，第二年籌設砲兵專門學校，故現即按此規定籌擬進行，學額預定就全國砲兵各團營統計每師砲兵營或獨立砲兵團各召集尉官一員入校，額數以一百員為最大限，其課目分配、組織編制等項大致均計畫就緒，預算經費亦皆在籌擬中。

（4）工兵專門學校

　　遵照訓政工作預定本年度應即籌備工兵學校及砲工學校，教育條例、經費預算、校址校舍各事現正在釐定章制協議進行中，俟經費有著，即可按照計畫次第舉辦。

（5）步騎砲工各兵科教導隊

　　查訓政工作預定先成立各兵科教導隊，以為設立
各兵科專門學校之先聲。嗣因軍事及經費關係，
以致無從舉辦。現軍事告終，財政稍裕，仍當照
預定計畫積極進行也。

（6）輜重研究班

　　查中央陸軍軍官學校內曾於十八年附設輜重研究
班，於十九年四月卒業，計學生三十七名，在創
辦該班原為養成輜重專門人才而設，但該班畢業
後適因戰事發生，致所擬計畫未能實行，一俟軍
事結束，仍當繼續進行。

（二）軍官學校教育事項

　　中央直轄之軍官學校計有中央陸軍軍官學校、黃
埔革命軍軍官學校及中央陸軍軍官學校武漢分校三所，
其他非直轄於中央，以及類似軍隊中之軍官團教育，為
各部隊自行設立以教育其下級幹部者不與焉。關於直轄
各校所有一應事務，除教育上必要由本部主持者外，因
組織與歷史關係，均由校務委員會主宰，而各設教育長
一員以綜理其事。然本部成立以來，即注意於各校教育
程度之齊一，遂徵集中央軍校所用教程加以審查，而使
其他各校仿用之。自本年各兵科操典頒布後，為促成軍
隊教育與學校教育之連繫，則學校之教程有依據現行典
範令修正之必要，業已按此主旨由中央軍校著手準備，
俟教程審定後，直轄各校均可一致改正矣。現在黃埔軍
校已經停辦，教育機關單位減少，則教育之統一更較易

也。至各校最近情形摘陳如左。

（1）中央陸軍軍官學校

該校第七期生暨軍官研究班學員，甫於十八年終畢業，本年招收軍校各期畢業生為高級班學員計一千六百人，於四月間入校計編成步兵八隊，騎、砲、工、輜各一隊，加以深造。復考取第八期新生七百二十名組織入伍生團施行教育，入伍期間現尚未滿。至七期生畢業後，以其大部組織軍官教育團並附以軍士教導營再加訓練，使充教導第二師之幹部，迨討逆軍興，該師即奉令出征，旋高級班學員亦全部調赴前方參加討逆工作。此中央軍校最近之情形也。

（2）黃埔革命軍軍官學校

該校本年來原有七百餘人，分為步兵四中隊，砲、工兵各一中隊，是項學生於本年八月畢業，該期學生畢業分發後即奉令停辦。

（3）武漢分校

該校於十八年五月成立，係接收前第十八、九軍隨營軍官學校學生一千六百餘名，沿用中央軍校期次稱為第七期，於本年七月畢業，畢業後分發各部隊見習，復招收八期入伍生一千五百餘人，現正施行入伍生團之基本訓練中。

三、國民軍事教育事項

關於是項教育，由所屬國民軍事教育處主任其事，其主辦事項為：

（一）普通學校軍事訓練。

（二）青少年軍事訓練。

（三）國民體育。

其實施之程序大綱：

第一期

關於普通學校軍事訓練者，則訂定高中以上學校軍事訓練各種條規，編訂高中以上學校軍事書籍，並考選軍事教官派赴京、滬、蘇、浙、皖、贛、閩、鄂、豫、桂各省市學校服務。關於青少年軍事訓練者，則先從事調查全國童子軍組織狀況，以為實施軍事訓練時之參考。關於國民體育者，則呈請國府頒布國民體育法，並通令全國各縣市最小限度須有設備完全之公共體育場一所。

第二期

關於普通學校軍事訓練者，一面派員查閱已經實施軍事訓練各校之成績，以資改進，一面考選軍事教官派赴湘、粵、魯、冀、北平、天津各省市學校服務及補充第一期實施各省市學校缺額。關於青少年軍事訓練者，著手調查青少年狀況及其團體之組織。關於國民體育者，擬訂國民體育實施方法，提倡國民體育及各種競技。

第三期

關於普通學校軍事訓練者，一面派員查閱已實施軍事訓練各學校成績，一面考選軍事教官補充缺額，並派赴川、滇、黔、陝、晉、甘、遼、吉、黑各省市學校服務，同時並擬召集全國各校軍事教官及校長聯席會議

以資改進。關於青少年軍事訓練者，發行國民軍事教育各種刊物，以喚起國民尚武精神。關於國民體育者，通令各省市廣設國術分館及各種競技場。

第四期

關於學校軍事訓練者，一面實際考察已施軍事訓練各校之成績，一面考選軍事教官補充缺額，並派赴熱、察、綏、新、寧、青各省市學校服務。關於青少年軍事訓練者，開始軍事訓練及野營演習。關於國民體育者，實際考察其成績並作積極之倡導。

第五、六期

關於學校軍事訓練者，一面實際考察已施軍事訓練各校之成績，一面考選軍事教官補充各校缺額，並訓練蒙、藏語文，以便派赴各該處服務。關於青少年軍事訓練者，一面查閱其成績，一面普及軍事訓練。關於國民體育者，除考察其成績加以鼓勵外，並須定期召開各種運動及競技會，以期普遍實施。

以上施行之程序，除第一、二期經已實施外，其餘仍依預定計畫繼續進行，所有工作大綱前經呈報者，茲不再述，謹將應行呈報之部按月分述如次，至已經實施軍事教育之各省高中以上學校情況則概如附表。

第一月

一、處理各學校各軍事教官及其他有關國民軍事教育呈請之案件

二、審核各校軍事教官訓練報告並學術科實施及預定各表

三、調動兩校軍事教官

第二月

一、呈請國民政府令飭軍政部發給廢槍子彈以便轉發
　　各校

二、會同教育部修改軍事教官任用簡章

三、處理各方呈請與國民軍事教育有關之案件

四、調動三校軍事教官

五、審查各校軍事教官報告及課目實施預定各表

第三月

一、擬訂查閱計畫及預算，並由部咨教育部已派定王
　　澤民、程秉仁兩員查閱京、滬及蘇、浙兩省高中
　　以上學校軍事教育，請轉飭各關係機關知照

二、處理各方呈請與國民軍事教育有關之案件

三、審核各校軍事教官報告及學術科實施表與預定表

四、調動三校軍事教官

第四月

一、由部咨軍政部請撥子彈以便轉發各校演習

二、處理各方來往與國民軍事教育有關之案件

三、審核各校軍事教官報告及課目表

四、派定查閱官分途前赴查閱

第五月

一、處理各方來往與國民軍事教育有關之案件

二、審核各校軍事教官報告及課目表

三、修正高中以上學校軍事教育方案及懲獎條例

四、編纂學校教練要綱

第六月

一、處理各方來往與國民軍事教育有關之案件

二、由部通令各校軍事教官本年暑期嚴格之軍事訓練
　　暫免實施，並咨教育部通令各校遵照

三、審核各校軍事教官報告及課目表

四、調動五校軍事教官

五、編纂學校教練要綱

第七月

一、審核京、滬及江、浙兩省高中以上學校軍事教育
　　查閱結果，綜覈成績，分別獎懲

二、由部咨請教育部：

（一）通令各校對於軍事教育成績不良之學生應遵國
　　　民體育法案第六條之規定不得准予畢業

（二）通令各校校長嚴飭各軍事教官非經准假不得曠
　　　課，如請假在一箇月以上，非經部令許可不得
　　　擅離職守，並不得私自託人代理

（三）規定各省校軍事教育經常、臨時兩費標準

（四）明令各大學嗣後招考新生時，軍事學不及格者不
　　　得錄取

（五）轉令江蘇省教育廳增加各校軍事教育經、臨兩
　　　費預算

三、處理各方來往與國民軍事教育有關之案件

四、審核各校軍事教官報告及課目表

五、編纂學校教練要綱

第八月

一、登報並組織委員會招考第三屆軍事教官

二、取定軍事教官正備取各二十名

三、調動三校軍事教官

四、處理各方來往與國民軍事教育有關之案件

五、審核各校軍事教官報告及課程表

第九月

一、第三屆取錄軍事教官列單呈請國民政府備案

二、由部咨教育部薦送本屆取錄軍事教官，請其分配
各省學校補充遺缺，並根據查閱結果，對各學校
教官分別予以黜涉遷調

三、草擬國民體育實施方法

四、審核各校軍事教官報告及其擬訂課程表

五、處理各方來往與國民軍事教育有關之案件

高中以上學校已經實施軍事教育統計表

學校別	學校數	軍事教官數	學校所在地
大學	19	36	南京　上海　浙江　安徽　山東 福建　北平　河南　湖北　湖南 廣東
學院	6	6	上海　福建　北平　浙江　江蘇
專門學校	18	18	江蘇　浙江　江西　湖北　湖南
師範學校	8	8	湖北　湖南　山東　河南　福建
高中	64	67	江蘇　浙江　安徽　江西　福建 山東　河南　廣西　湖北　湖南
總計	115	135	12省

四、政治訓練事項

茲將本部政治訓練各事項所有辦理經過列舉如左。

（一）各級政治訓練處之裁撤

中央第三次全體會議決議，除訓練總監部政治訓
練處外，各軍隊政治訓練處一律裁撤，關於軍隊政治訓
練事宜，歸併軍隊特別黨部辦理，由中央派遣特派員以

指導監督之，黨務特派員由訓練總監部政治訓練處特設訓練班訓練之，各軍隊中未受政治訓練之下級軍官，亦由訓練總監部政治訓練處設政治訓練班輪流訓練。本部於本年四月奉到關於上項決議之訓令，遵即通電各級政治訓練處遵照裁撤，其各級政工人員呈奉主席蔣核准一律投考中央軍校高級班，其資格不符者每員發給原薪一月遣散，迄本年五月，各軍隊中之政治訓練處全告結束。至訓練特派員及下級軍官之兩種訓練班，以軍事原因，尚未舉辦。

（二）行營政治訓練部之組織

閻馮叛變，討逆軍興，蔣總司令督師親征，本處奉令組織行營政訓部，主持戰地政訓工作，本處處長周佛海奉令兼任主任，下設祕書長，分設庶務、宣傳組織，各組幹事若干人，士兵若干名，自五月八日隨同總座出發，經津浦線轉入隴海，歷馬牧集、歸德而達柳河，屯駐柳河兩月有餘，再經蘭封、開封而抵鄭州，於雙十節前一日奉令返京，計歷時六月矣。

（三）討逆宣傳大隊之組織

行營政訓部之下復設兩宣傳大隊，第一宣傳大隊長為康澤，第二宣傳大隊長為蔣堅忍。每大隊官兵夫約百五十人，宣傳員係選籍隸北方，略有軍事政治知識而曾任黨的下級幹部之青年充任。第一宣傳大隊之工作區域以徐州為起點，旁及徐海各屬及皖北一帶，沿津浦至兗州再轉隴海經碭山、馬牧集、歸德、蘭封、杞縣、陳

留、儀封、通許、開封以達鄭州。第二宣傳大隊之工作區域以武漢為起點，經平漢線孝感、武勝關、駐馬店、漯河、臨穎、許昌而達鄭州，轉隴海達洛陽，旁及新鄭、密縣、登封、臨汝、襄城、鞏縣、偃師、孝義等地。張桂寇湘，該大隊派一分隊前往湘省工作，沿武長路達長沙，旁及株州、湘潭、湘鄉一帶。湘亂既平，第二大隊復以一部赴津浦線工作，濟南克復後進駐濟南，沿膠濟路達膠州、青島一帶，更沿津浦線達德州。各宣傳大隊之工作，除隨時隨地對民眾作口頭或文字之宣傳外，他如當地黨部之聯絡，護路之協助，災情之調查，社會實況之調查，反動勢力之調查，軍民之聯絡，施賑之協助，均為其重要之工作，並於各紀念日及新克一地後舉行各種大規模之集會。該兩大隊以指揮得人，員兵努力，成績均甚優良。

（四）討逆宣傳品之編印

討逆軍興以還，本處以各項各義印布之宣傳品，除祕密者外，其公開發行者計為叢書一種、歌本一種、傳單十一種、畫冊三種、畫報一種、標語十種，名稱及數量另行列表附後，各項宣傳品尤以歌本畫冊最受民眾歡迎云。

（五）戰地民團之聯絡及民眾團體之召集

河南民團組織有年，精神團結，力能自衛，當我軍之進駐民權也，濟南告警，總司令悉隴海之師調援津浦時，孫逆據亳未下，便衣隊出沒歸硶，擾亂後方，總司

令為奠定隴海治安，責令一師警備，兼令第一宣傳大隊
與豫東民團努力聯絡，復由政訓部派遣專員赴各民團宣
慰中央德意，切實聯絡，因而民團自告奮勇，迭破便衣
隊，我方得從容援濟，隴海無虞，民團實與有力焉。又
時以軍行所至，機關人員均以附逆逃亡，地方治安無人
維持，多由宣傳隊臨時召集地方民眾各團體組織治安維
持會，以資維持，因而商旅不驚，人民安業。

訓練總監部政治訓練處討逆宣傳品統計表
十九年三月至十月

類別	名稱	性質	數量	備考
叢書	照妖鏡	歷述馮玉祥、閻錫山之罪惡及一切反動派衝突內幕	160,000	此係小冊，已印發如上數
歌曲	誅狼殺虎歌	歷述自閻錫山、馮玉祥投機取巧勸袁稱帝，割據地盤、魚肉人民行為，以喚起民眾共同剷除	200,000	韻語，印成小冊，已分發如上數
小冊	閻錫山與袁世凱	搜集閻錫山勸袁稱帝及受封一等男爵往來一切文電	160,000	運往津浦、隴海、平漢各線分發，並用飛機散發
小冊	討伐閻馮兩逆口號註釋	按照蔣總司令手訂討逆口號逐條詳加註釋	120,000	討逆口號四十二條，按次編排七節，分發各部隊每星期逐次輪流高呼
小冊	討逆張桂殘逆宣傳大綱	詳述張桂諸逆先後背叛中央及擾亂湘、粵、桂等省經過，以喚起民眾一致努力肅清	80,000	運往湖南分發
小冊	徹底肅清閻馮殘餘勢力	述閻馮罪惡及殘餘勢力之必須肅清	3,000	上項小冊子係本處第二宣傳大隊在濟南印發
小冊	從馮玉祥的鐵蹄下救起西北的民眾們	昭告西北民眾共謀討伐馮逆玉祥	3,000	上項小冊子係本處第二宣傳大隊在濟南刊印，攜赴平漢路散發
傳單	討逆小傳單	計八種，分述閻馮虐民媚外、濫發紙幣	各 100,000	用五色紙印成小張用飛機散發
傳單	為討逆勝利告北方民眾	詳述閻馮失敗與中央軍勝利之原因及喚起民眾今後之努力	220,000	

類別	名稱	性質	數量	備考
傳單	為中央軍克復鄭州告民眾	詳述閻馮失敗與中央軍勝利之原因及喚起民眾今後之努力	170,000	
傳單	慰告第六十、六十一師全體將士	歷述兩師頻年成績與今後之使命，慇慇謹致慰勞之意	20,000	
傳單	告前敵將士書	為克復濟南再勵將士	100,000	
傳單	告第二三集團官兵書	為宣示中央用兵苦衷，勸告原隸第二、三集團官兵不為閻馮利用，從速歸正	40,000	此係飛機傳單，交由航空署飛機隊散發如上數
傳單	蔣總司令告亳州被圍官兵	曉諭在亳州被圍逆部官兵，以中央討逆在除元惡，協從不咎，令其反正投降	80,000	此項傳單於六月二十七日發二次，六月三十四日發一次，七月五日發一次，計發四次
傳單	蔣總司令告原隸第二、第三集團軍將士	曉諭閻馮逆部各將士，以此次討逆在除元惡，協從罔咎，用伸中央威德，令其反正歸來，並頒發攜械投誠給賞條例	180,000	此項傳單於六月一日、七月三日、八月五日、八月二十四日、九月十日、九月二十日，計發六次
傳單	蔣總司令告前敵各官兵文	告誡前敵各官兵艱苦耐勞，犧牲決鬥，勿驕矜，勿怠惰，以求最後之勝利	120,000	此項傳單於七月二十日、八月五日、九月一日，計發三次
傳單	政治訓練部告前敵將士文	告以中央討逆之旨及逆敵潰散情形，望前敵將士為統一而奮鬥，為和平而犧牲	40,000	
傳單	要聞簡報	臨時告前敵將士以敵方崩潰及我軍勝利情形	20,000	此項簡報臨時刊印，計發三次
定期刊	行營三日刊	宣布戰況並激勵士卒	3,000	此報三日付印一次，已出至十九期，在歸德出版
定期刊	革民戰報	宣布戰況並激勵士卒	3,000	此報三日出版一次，已出至二十期，係用宣傳大隊名義在漢口編印，分發平漢路各軍
定期刊	討逆戰報	宣布戰況並激勵士卒	3,000	此報三日出版一次，已出至十八期，係用宣傳大隊名義編印，分發津浦、隴海各部隊
畫冊	張桂罪惡的總帳	按照宣傳大綱所述罪惡繪成圖畫廿餘種，裝訂成冊	80,000	其中有最重要數幅，另畫成大幅布畫懸掛
畫冊	閻錫山的罪惡寫真	描繪閻逆歷年來之罪惡，自袁世凱時代上表稱臣起，至今後失敗情形	150,000	此係冊頁畫，共十八幅一冊，已印發如上冊數

類別	名稱	性質	數量	備考
畫冊	惡貫滿盈的馮玉祥	描繪馮逆歷年來之罪惡，自逼走黎前總統元洪起，以至現在擄略燒殺及將來失敗各種情形	150,000	此係冊頁畫，共二十幅一冊，印發如上冊數
畫報	打倒殘殺人民的馮逆玉祥	描寫馮逆搶略燒殺行為	150,000	此係畫報除繪就廿大幅持往前方懸掛外，另用彩色印成單張如上數
標語	擁護中國國民黨		10,000	
標語	擁護蔣總司令消滅閻錫山馮玉祥		10,000	
標語	中央討逆勝利就是民眾的勝利		10,000	
標語	偽擴大會議是叛黨愚國的總機關		10,000	
標語	閻馮不消滅中國永遠不會太平	宣示中央討逆意旨，喚起民眾努力殺賊	10,000	
標語	為消滅共產黨工具而戰		10,000	
標語	消滅寡廉鮮恥陰毒陰惡的閻馮		10,000	
標語	為解除民眾的痛苦必須消滅閻馮		10,000	
標語	為實現統一和平必須消滅閻馮		10,000	
標語	消滅搜刮民財殘害民眾的閻馮		10,000	

五、陸軍留學事項

我國陸軍專門學校既未設立，軍官學校設備亦未完善，故軍學之進步非藉留學不可。本部因於去年九月擬具訓政期間考送陸軍留學員生計畫呈奉國民政府第四二次國務會議議決照辦，並蒙令行財政部撥給經費，正擬依照是項計畫循序辦理，不意西北軍忽行叛變，討逆軍興，影響財政，致留學經費難以籌撥。西北削平，閻逆又起，戰事相繼，是項經費遂致財政部迄未撥發過部，留學事務因亦未能按照計畫進行。然考送留學，培養人才，為當今要政，故定變通辦法以資補救。茲分日

本、歐美二部報告其經過於後。

（一）辦理日本留學情形

　　我國留日陸軍學生人數既眾，分子複雜，不但軍事教育行政失其統一，其影響且妨及國家之安定。本部成立之後即著手整理，對於各處直接保送一端，則呈請國民政府通令禁止，對於日本政府收受非政府保送之學生一端，則請外交部提出交涉，冀漸達統一保送之目的。本年二月下旬，因各省仍有私自直接保送學生赴日留學陸軍者，復經依據三全大會議決案統一軍事之旨呈奉國民政府二次通令禁阻，現在國內私自直接保送之事已大見減少。日本於我國學生雖仍循例收受，然對於修改收容我國陸軍留學員生之各種規定有允為考慮之議，若我國各處機關及私人不再有自由送學之舉，則日本陸軍留學教育之統一不難實現也。

（1）留日陸軍專門學員

　　查照本部去年呈准之考送陸軍留學員生計畫，本年應考送留日陸軍專門學員二十員，分入日本步、騎、砲、工及砲工各專門學校，惟此項計畫雖經呈准，然因經費未奉撥發，勢難實行。至派送留日陸軍專門學員一事，在我國尚未自設專校之前，為培養專門人材起見，未可或緩。因是本年變通辦理，於四月上旬擬具考送留日陸軍各專門學員簡則及經費支給辦法，呈准由本部通行各軍事機關及部隊保送現職軍官來部考試錄取之後，除各該員隨帶原薪外，所有旅費、學費等項

均由原送機關按照本部所定之經費支給辦法擔任
發給，保送之期以四月末日為限，總計陸續保送
到部者三十二員，由本部組織考試委員會於六月
十日至十三日嚴密考試，錄取蔡宗濂、段唐華、
張公達、胡明揚、甘海瀾、趙繼和、劉立中、何
卓濂、徐仁吉、申承基十員，於八月上旬東渡赴
日，其後軍政部所送之黃國書及中央軍校所送之
蘇紹文二員，在考試之時因奉派赴日考察及隨軍
工作，未及應考，八月間公務已畢，由各原送機
關分請補考，本部以我國砲兵人材現極缺乏，該
二員均係砲兵軍官，遂特准補考，考後成績均尚
可觀，業予補送，以上經本部考送者共十二員，
其中步兵科軍官蔡宗濂、段唐華、張公達、甘海
瀾、趙繼和、胡明揚、劉立中等七員送考步兵學
校，騎兵科軍官何卓濂一員送考騎兵學校，砲兵
科軍官徐仁吉、申成基、黃國書、蘇紹文等四員
分送日本砲工及野戰跑兵兩校。又四十八師參謀
長丁治磐及第十師三十旅副旅長楊文璉二員，先
後蒙總司令特准公費送日步兵學校留學，發交過
部，當即遵令保送，惟丁治磐因在前方作戰，本
年未及赴日應考。又八月間第二十二軍軍長賴心
輝請送賴慧生、陳英喬、左倫、黃沛、宋傑、楊
振、曾槐七員投考日本步兵學校，當經本部審核，
該生等既係二十二軍保送，且已在日本補習，核與
本年變通保送辦法相合，當予核准。連同本部考
送之蔡宗濂等七員，本年共送日本步兵學校十五

員，總司令特准及本部錄取者均由日本學校錄取，賴軍長所保七員僅取賴慧生一員。此外日本步兵學校所取各員大部均係總司令部前年派送及本部去年核准，本屆繼續送考之學生，其各自逕行保送者，於所取四十名中僅十二人，較諸去年減少不少。又騎兵學校本部考送之何卓濂一員及總司令前年官費派送之胡競先等五員，均經日校錄取，雖於本屆錄取十三人中只占半數，然因公費派送之人數較少，故各方私送之自費生較多，將來本部留學計畫實行，定可減少。日本野戰砲兵學校本部考送黃國書、蘇紹文二員，遼寧張長官咨請本部核准公費選送劉佩達、趙繼周、李春林、張鳳書、孫樹銘、徐德庸、吳滌凡、葉筱泉、周文章、趙璧等十員。砲工學校本部考送申承基、徐仁吉二員，遼寧張長官咨請本部核准公費選送陳家珍、金鎮、高文卓等三員，現均未屆考期，錄取情形尚難預測。此本部核送各員及日本各專校錄情形也。

（2）留日士官學生

留日士官學生去年因經費關係未能按照訓政期間留學計畫實行考送，遂議定變通辦法，凡已在東補習日語，經費由各處公費支給，其資格與留學條例相符，經正式呈請者，准予變通介紹投考。本年留學經費仍因軍事影響，財政部未予撥發，故仍照去年成例變通辦理，於八月間擬具送考陸軍士官學生暫行變通辦法呈奉國民政府及陸海空

軍總司令部核准備案，並由本部通行各省市政府、軍事機關、陸軍各部隊在案，現因距保送之期尚有三個月之遠，故來部呈請送考之案正在核辦之中。茲將本年變通辦法之要點摘錄如次。

1. 本年度保送赴日投考陸軍士官學生，以各政軍機關公費派遣者為限，凡係自費者概不保送。

2. 凡各政軍機關以公費保送赴日投考陸軍士官學生，須按陸海空軍留學條例規定之資格嚴加審查，酌行考驗其各項資格，確係及格者方得請送。

3. 凡各政軍機關保送是項公費派赴日本投考陸軍士官學生，須照本部考送陸軍留學員生規則附具第七條規定之各項附件，正式備文送由本部核辦。

4. 各政軍機關保送赴日投考陸軍士官學生，以十月三十一日以前送到本部者為限，逾期概不核送。

5. 是項保送赴日投考陸軍士官學生，經本部核准送考後，其赴日投考及錄取後所需一切川資學費等項，均由原送機關擔任支給，本部概不給費。

6. 留日補習各生參照此辦法辦理。

（3）留日畢業各生之測驗任用

查陸軍留學條例第十條，留學員畢業後應由主管加以考驗、分發、任用，本年留日畢業各生本部遵照是項規定辦理，惟因現時我國軍政尚未完全統一，而軍事人材極感缺乏之秋，故留日畢業各生往往自行分投各處任事，未能悉數先行來部報

到，故本年自三月起至十月止，留日畢業各生回
國來部測驗分發任用者列於左：

步兵專門學校畢業者五　已分發任用

砲兵專門學校畢業者二　已分發任用

工兵專門學校畢業者一　已分發任用

士官學校畢業者二　　　已分發任用

此外士官學校畢業生王丕承、柳培漸、逢煥然、
李祖望、許開章、胡朝治、陳暢盛、徐名淨、曹樸、
徐恕、雷澤等十一名來部報到後，或因久離家鄉請假省
親，或因志切討逆先赴前方工作，尚未測驗分發。此
本年本部辦理留日陸軍畢業學員生測驗分發任用之情
形也。

（二）辦理歐美留學情形

按照本部呈准之考送陸軍留學員生計畫，每年應考
送歐美留學員生二十人，本年因軍事關係，財政部未撥
經費，故未舉辦。惟中央陸軍軍官學校去年五月呈經本
部就該校六期畢業生中考取留學歐美學生五十名，當因
學生外國語文尚有補習之必要，呈准於中央軍官學校內
附設留學生預備班略事補習，於本年二月期滿，先後派
遣出國。故本年歐美留學事務只辦中央軍校學生放洋及
清華官費留美學生之轉學、總部公費之保送三項，茲分
報於次。

（1）中央軍校六期生之出國入校

中央軍校附設之留學預備班於本年二月期滿之
時，考核成績，甲組英文學生李申之等十一名

程度較高,決定即行放洋,其餘英文乙組及法文組、德文組程度較淺,延期三個月至五月期滿,各生全數出國,留學預備班即辦理結束。留英學生係於四月一日由該班教務長梁子駿率領由滬乘船赴英,至五月十二日到達英京倫敦,暫行補習語文、科學,八月三十日全數進入珊的爾胡斯陸軍軍官學校,九月一日正式上課,英國並派定史比爾上尉專任管理,梁子駿到英之後即照料學生入學事宜,於十月四日由英赴美,由美回國。留美學生吳家讓等八名,由留學生預備班汪隊長強率領,於五月三十日出國,六月十八日到達美京華府,先入華盛頓大學暑期班補習,除張誼一名仍在該校繼續補習,準備明秋入西點軍官學校外,其餘七名已於九月上旬分入美國維金尼亞、薛太特爾、那威傑等三軍官學校,汪強亦於九月四日因公務已畢,由美返國。留法學生周昭等十二名,留德學生鄭瑞等十三名,於五月二十八日由汪隊長強照料在滬乘船,同船赴法,至七月九日到達法京巴黎,留德學生即轉赴德國,十日到達德京柏林,現留法學生有廖耀湘一名,已請公使保送法國聖西爾軍官學校,其餘十一名分在法國高中等校補習,留德學生有樓迪善一名已經入隊,其餘十二名亦均在柏林大學補習矣。

(2)中央軍校六期生之留學經費

中央軍校六期生之留學經費係呈奉國民政府令准由軍政部軍需署發給,十八年度共計核准預算三十

九萬二千四百五十元，由本部陸續請領，除出國
旅費等項當由中央軍官學校轉發各生外，其餘學
費、月費等項均分匯各駐在公使轉發。十九年度
預算因金價漲落無定，按照國幣計算殊感不便，改
列金鎊造具預算書，於八月中旬分別呈咨國民政
府及軍政部，十月上旬軍政部以軍費浩大，無款
續撥，業請陸海空軍總司令部經理處核發咨復過
部，本部當即轉呈總司令核示，現在尚未奉到指
令。茲將十九年度預算項目開列於左。

學費	一三二〇〇鎊
膳宿費	三二一二鎊
服裝費	三五二〇鎊
津貼（即月費）	一五八四鎊
旅行費	一三二〇鎊
外國管理員費	三六〇〇鎊
預備費	二二〇〇鎊
總計	二八六三六鎊

（3）清華留美學生及總部公費生之保送

清華官費留美學生照例每年有二生轉學陸軍，本
年四月清華留美陸軍學生曾慶集因美國政府高級
軍校拒收中國學生，呈由教育部轉咨本部核准保
送法國聖西爾軍校肄業，又七月間梁思忠由美國
那威傑軍官學校畢業請補軍職，保送美國砲兵專
門學校肄業，當轉請軍政部委補陸軍砲兵中尉，
咨請外交部轉行保送。又陸海空軍總司令部留德
公費學生胡靜安及彭克定二名，於九月以前迭准

駐德公使以本年幾經交涉，德國國防部函准收受
我國學生三名入學，於十月一日先行入伍，當經
核准復電保送。此外清華留美學生李忍濤請送美
國砲兵學校，留法學生陳衛亞請送法國聖西爾陸
軍軍官學校，留比學生賈泰東請補軍職以便升入
比國陸軍學校，現正函駐在各該國公使查復中。

六、軍用圖書館編審發行事項

本部出版書籍，除典範令由各主管兵監編訂外，
其軍用參考圖書大都由軍學編譯處編譯印行，茲將該處
本年度編譯各書及該處附屬之印刷所工作經過分述於
左。又本部總務廳教育科譯輯之軍事教育參考掛圖共五
輯，第一、二兩輯已印發各部隊具領，第三、四兩輯尚
在印刷中，第五輯亦在編審中，一併附錄於後。

（一）完成陣中要務令

查典範令為全國軍事教育之基準，基準不定則軍事
教育無由整理。本部自成立以來，各兵科典範令已次第
頒發，惟軍中要務令尚未編成，遜清末年曾頒有野外
勤務書一種，嗣因日俄戰役及歐洲戰役，視科學之進步
及戰略戰術之變遷，該書已不適用，迄今二十餘年政府
尚未頒行正式之本，各軍事學校及講武堂雖間有若干譯
本，然所用軍語及各科學名詞以及詞句文義錯雜紛歧莫
衷一是，致各學校軍隊無所適從。考列強各國，無論戰
略戰術凡百原則，胥以典範令為基準，際此訓政之秋，
編輯此書尤為重要，特由軍學編譯處精研討論，合力編

輯，詳密審查，現在全書告成，並已發交陸軍印刷所精
印，月內准可出版頒發矣。

（二）選譯各典範令之參考書

　　列強各國每經一度戰役，其各種典範令靡不隨時修
正，且先之以草案發交學校軍隊研究試行，及既確認盡
善，然後訂為正式之本。我國改元以來，政局不定，內
亂循環，典範令各書大都取材列強，斯固不庸諱言。條
文雖屬簡單，含義至為廣遠，加以科學進步變遷甚大，
故各種新典範令頒行以後，於學校軍隊之教育上及各軍
官之研究上皆應儘量供給其參考書，俾知條文之本義而
謀軍學之進步。本期間編輯之步兵射擊，主在便於研究
步兵射擊教範，其次編輯實戰的步兵操典之研究，主在
便於研究步兵操典，其次編譯戰鬥綱要詳解，在便於研
究戰鬥綱要，近又編譯陣中要務令詳解，在便於研究最
新之陣中要務令。前述二種皆已出版分發，後開二種每
部各有八巨冊，工作至為繁重，將來發行以後，則於步
兵操典及戰鬥綱要並陣中要務令之研究，皆可作為正
鵠，俾裨益當非淺鮮。

（三）選譯軍隊教育叢書及軍事常識

　　自古以來我國兵書甚多，惟屬於戰略方面者多，關
於技術方面者少，且未隨科學而進步，故在現代不甚適
用。就近代而論，列強各國軍事書籍堪稱汗牛充棟，我
國軍官向多出身行伍，不但不能著作且無閱書能力，近
年以還雖多學校出身，然程度不齊，進級過速，勤務頻

繁，研究不遑，故軍事書籍直如鳳毛麟角。就中最感困
難者，軍官多數不諳外國文字，在本國既少軍事書籍，
而又不能逕閱外國原本，故本部軍學編譯處先注重於最
急要之軍隊教育，而編譯叢書以謀增進一般之軍事常
識。茲將本部最近編譯之軍事書籍種類數量統計於左，
至詳細名稱詳附表。

操典類	8 種	教範類	18 種
教育令類	4 種	參考書類	109 種
國民軍事教育用書類	3 種	政訓書類	25 種

（四）頒發軍事教育參考掛圖事項

　　查軍事教育參考掛圖一項，由本部總務廳教育科譯
輯印行，計分五輯如左。

第一輯　　　　參拾種，係步兵操典圖例
第二、三兩輯　各貳拾種，係各種教練圖型
第四輯　　　　貳拾種，係野戰築城圖例
第五輯　　　　拾伍種，係各種射擊圖表

　　右列第一、二兩輯於本年一月出版，曾奉陸海空
軍總司令令各部隊將是項掛圖為各種教練之參考，並飭
本部再版多印數千份分發各部隊應用，於本年五月間印
成分發矣。至第三、第四兩輯亦經編成付印，不日即可
出版。其第五輯正在編審中。

（五）陸軍印刷所工作經過

　　查陸軍印刷所係由本部附設之印刷所與軍政部直
屬之印刷所合併而成，本年六月一日始改組成立，當將
房舍修理，建築機器廠，並將前兩所機件器具移入裝置

完竣，經十數日方布置妥當，又歷數日方將損壞之機件整理完善，至七月中始開始印刷本部各書籍，日印數千張，自成立迄今計印成書籍約數十種，只以經費竭蹶，流動金無幾，故不能承印大宗印刷品，俟財政稍裕當能擴充營業也。

七、 軍歌審定及頒布事項

軍歌一項於陶冶軍人性格、振作軍隊精神所關至鉅，從前舊有軍歌大都與我國民革民軍之精神主義未能適合。本部成立之始，即於十八年二月登報懸獎，徵求新歌，嗣將所徵歌稿開會審查，計審定國民革命軍軍歌一則，其餘各項軍歌二十一則，編纂軍歌集於本年二月呈奉國民政府交第六十三次國務會議決議指令照准，當即遵令公布，並先後印成六千冊分發中央暨各地方軍隊及各軍政機關學校一體遵行各在案，復為是項國民革命軍軍歌易於普及起見，擬用軍樂隊在中央無線電台播音，並交由留聲機製片廠收音灌片以利傳布，而臻普遍，現正籌備進行中。又五月間奉總司令蔣交下親著國民革命軍歌一首，飭部排譜，當經由部派員製就歌譜一章，惟尚未奉核定。此本部辦理軍歌之情形也。

八、 其他軍事教育攸關事項

茲將本部辦理其他軍事教育事項，擇其犖犖大端列舉於左，其無關宏旨者概未列入。

（一）勵行軍官外國語文教育辦法

查外國語文為廣集見聞之工具，亦即吸收新知之媒介。自歐戰以還，軍事學術日新月異，惟因我國軍人中精通外國語文者甚少，故新籍之譯者既寥若晨星，而購閱各國軍事新書更難期其普及，即選派留學以冀借石他山，亦非先養成精通留學國語文相當之人才，不能收事半功倍之效。本部有見及此，爰於本年九月擬訂各軍事機關學校及部隊勵行外國語文教育辦法通行各軍事部署機關學校，並令飭各部隊一體知照，切實施行在案。現在中央直轄各軍官學校業已照行，軍事機關亦有創設是項研究會者，漸次推廣，則於軍官學術程度之提高，效益匪淺焉。

（二）文字教育建議事宜

本部前據各部隊長官報告，所有士兵及行伍出身之幹部多數不識文字，於訓練上極感困難，推厥原因，實由教材不良，故進步遲滯，對於斯項文字教育實有改良之必要，以為將來增進軍人文字知識之基礎，曾由本部擬訂徵求初學國文讀本著稿辦法，登載京、滬、粵、漢、平、津各報懸獎一千元，廣事徵求，凡應徵之稿，以普通文字教育為基本養成士兵初學國文相當之程度，至關於軍事者，擬由軍語中摘錄士兵須知之語句另編成冊，以資教授，如是則士兵文字教育之基本既立，則軍事教育之進度自可收事半功倍之效。又查歐洲文字教育，其對於初學各種教材皆由簡而繁、由分而合，此次改良文字教育亦本斯旨，凡應徵之初學國文讀本，由首

至尾所用單字必須按其字體由簡而繁、由分而合為重要
條件，庶循序漸進有條不紊，惟此種課本用字必本於
六書，而教育建設事業尤重在黨國。本部執掌軍事教育
與文字教育息息相關，特擬具改進文字教育法建議書於
本年五月呈請國民政府採擇，提請中央政治會議討論施
行，並分咨教育部及各中央執監委員暨各省市教育當局
以備參考而策進行。嗣於五月廿八日准中央執行委員會
政治會議祕書處函開改進文字教育法業經中央政治會議
議決交教育組審查，審查時並邀教育部長及訓練總監列
席，茲定於五月二十九日上午十時在第一會議廳審查，
請準時列席等因，當由本部副監周亞衛同志屆時赴會出
席，迺因常會時間延長，故教育組未行開會，當訂再俟
定期召集審查在案，旋准該祕書處函送教育部蔣部長對
於改進文字教育法之意見書到部，當將該意見書中所列
各點詳加研究，再伸討論，錄印成冊，分別函送各審查
委員及教育部以資參考。現在此項改進文字教育法一案
仍在聽候定期召集審查中也。

（三）組織學術講演會及籌備出版軍事雜誌

　　本部掌管全國軍事教育，故對於軍事學術固應積極
研究，精詳探討，即對於普通學術亦應時常講演，增進
新知，而於出版軍事雜誌以為灌輸最新軍事學術之用，
尤為切急之圖，不容或緩，故曾於本年四月八日經本部
本年第三次部務會議議決如左：

　　　關於本部出版軍事雜誌，定為不定期刊物，每月約
需經費五百元，十九年度預算應即列入，由總務廳編譯

處商擬辦理之。

關於學術講演，每星期講演一次或二次，講演題目不限範圍，凡軍事學及地方情形、歷史、地理、外交、經濟、政治等均可講演，惟須先將擬講題目呈核後再行講演。

前項議案議決後，即擬實行，嗣以軍事關係，本部各職員多奉調赴前方服務，致學術講演及出版雜誌均未能行。現軍事敉平，俟各職員復員後，仍當照議決案積極進行也。

（四）黨義研究事項

本部各職員於黨義書籍，原係單獨研究，不但進度參差，獲益較尠，且成績考核，督勵研究，亦感困難，爰於十八年九月間議決組織本部職員黨義研究會集合研究，冀收切磋之效，當經擬訂本部職員黨義研究會簡章九條，並由本部總務廳擬訂第一組研究細則十八條，發交本部所屬各廳監處飭令分別遵照組織第一、二、三、四、五、六、七、八、九共九組，於十八年十月間先後組織成立，並各遵照國民政府公布修正軍警各機關職員黨義研究暫行條例之規定從事研究。茲謹將十九年三月起至十月止，研究會事實列表統計報告於後。

以上所陳為本年三月至十月間本部政治工作經過之概要，其間因軍事與財政關係，實際經過情形雖間有與預定進度未盡適合，然目前戰事已告結束，工作進行之故障漸次減少，軍事教育上諸種建設不難循序以進。

茲將是項進行計畫略舉於左。

一、實施軍隊教育之監督指導

　　戰事告終，所有軍隊自當各就防地從事整理，於是各種教育亦可準備實行。本部即將翌年（民國二十年）度教育訓令頒行各隊，飭自年度開始即按教育令之規定恢復各種教育，並令依據新頒典範實行訓練，一面隨時派遣主管人員查察監督，適切指導，尤復按期施行校閱，以促進軍隊教育之齊一進步，並修正典範，漸次改良，總期各級官兵修得本職相當之學識技能，逐漸增進程度，使各幹部人員咸能具有上一級之智能，以達成教育之要求，而樹國軍之基礎焉。

二、統一學校教育建設各兵科專門教育機關

　　本部對於軍官學校之教育，擬具教育大綱呈准頒布，俾各軍官學校教育程度得以齊一，並儘事實之可能，籌設各兵科專門學校，可使一般軍官得有研究本兵科專門學術之機會，以增進其服務上之本能，同時設立各兵科教導部隊為實地研究之用。尤復整理留學事務，陸續考送優秀軍官留學歐美、日本入各專門學校，分工研究最新學術，備充專門學校之師資，俾吾國軍事學術得隨世界科學進步之潮流而邁進焉。

三、普及國民軍事教育

　　按預定方案將軍事訓練普及於全國，而使一般國民之體育發達，對青少年體格之鍛鍊與軍事常識之灌輸多

方倡導，以完成國防之要素。其他如國外軍事教育之調
查考察，亦認為切要之舉，今後擬陸續按其必要，派遣
相當人員前往歐美、日本，將各國軍事教育上各種設施
隨時調查考察，以供吾人研究捨短取長，作我國軍事教
育建設之參考。至政治訓練工作，則致力於軍隊官兵能
澈底明瞭主義，團結精神，涵養軍人道德，崇尚紀律，
以完成國民革命軍特有之性能，更於部中成立學術研究
會，督促本部職員就所管範圍施行學術上之研究，並設
演講會、發行刊物，提倡軍人好學之風。此為本部將來
工作之趨向也。

訓練總監部編譯刊物一覽表

類別	名稱	數量	已未出版	編譯機關
操典類	步兵操典草案	一本	出版	步兵監
	步兵機關槍操典草案		編審中	步兵監
	步兵砲操典草案	一本	編審中	步兵監
	騎兵操典草案	一本	出版	騎兵監
	騎兵機關槍操典草案	一本	出版	騎兵監
	野戰砲兵操典草案	一本	出版	砲兵監
	工兵操典草案	一本	出版	工兵監
	輜重兵操典草案	一本	出版	輜重兵監
教範類	體操教範草案	一本	出版	步兵監
	劈刺教範草案	一本	出版	步兵監
	步兵射擊教範草案	一本	出版	步兵監
	步兵通信教範草案	一本	編審中	步兵監
	步兵作業教範草案	一本	編審中	步兵監
	馬術教範草案	一本	出版	騎兵監
	騎兵通信教範草案	一本	編審中	騎兵監
	騎兵機關槍射擊教範草案	一本	編審中	騎兵監
	野戰砲兵射擊教範草案	一本	出版	砲兵監
	野戰砲兵馭法教範草案	一本	編審中	砲兵監
	交通教範草案	一本	出版	工兵監
	野戰築城教範草案	一本	出版	工兵監
	爆破教範草案	一本	編審中	工兵監

類別	名稱	數量	已未出版	編譯機關
教範類	坑道教範草案	一本	編審中	工兵監
	架橋教範草案	一本	編審中	工兵監
	築營教範草案	一本	編審中	工兵監
	草擬捆包積載教範草案	一本	譯述中	輜重兵監
	二輪汽車操縱教範草案	一本	譯述中	輜重兵監
教育令類	陸軍軍隊教育令	一本	出版	步兵監
	陸軍演習令	一本	編審中	步兵監
	陣中要務令	一本	出版	軍學編譯處
	兵站勤務	一本	出版	輜重兵監
參考書類	戰鬥綱要		編審中	步兵監
	戰術學教程		編審中	步兵監
	步兵操典研究		編審中	步兵監
	步兵砲教練之參考		編審中	步兵監
	最新機關槍教練之參考		編審中	步兵監
	步兵作業教程		編審中	步兵監
	騎兵陣中便覽		編審中	騎兵監
	騎兵野外勤務參考		編審中	騎兵監
	馬事彙編	一本	出版	騎兵監
	無防毒器具之軍隊關於防護瓦斯之研究	一本	出版	砲兵監
	砲兵兵卒教程		編輯中	砲兵監
	砲兵軍士教程		編輯中	砲兵監
	日本輜重兵操典草案	一本	出版	輜重兵監
	日本輜重兵馭法教範草案	一本	出版	輜重兵監
	日本汽車操縱教範	一本	出版	輜重兵監
	日本戰時輜重兵營勤務令	一本	出版	輜重兵監
	日本舊彈藥大隊勤務令	一本	出版	輜重兵監
	日本舊兵站勤務令	一本	出版	輜重兵監
	德國行李彈藥縱列及輜重勤務令	一本	出版	輜重兵監
	日本輜重勤務講授錄	一本	出版	輜重兵監
	日本兵器保存要領汽車部	一本	出版	輜重兵監
	輜重諸問題	一本	出版	輜重兵監
	日本輜重兵捆包積載教範草案	一本	出版	輜重兵監
	日本輜重兵幹部演習記事	一本	出版	輜重兵監
	日本昭和五年輜重兵操典	一本	出版	輜重兵監
	法國大部隊教令（補給部、輸送部）		譯述中	輜重兵監
	英國陣中要務令之一部		譯述中	輜重兵監
	日本四噸載重汽車		譯述中	輜重兵監
	日本試製木炭汽車		譯述中	輜重兵監

類別	名稱	數量	已未出版	編譯機關
參考書類	對于輜重之奇襲及輜重之自衛		譯述中	輜重兵監
	日本陸軍汽車學校昭和四年度教育計劃		譯述中	輜重兵監
	日本兵器保存要領馬具輜重車部		譯述中	輜重兵監
	汽車保存管理法教程載重汽車之部		譯述中	輜重兵監
	日本輜重兵新操典		譯述中	輜重兵監
	輪卒須知		譯述中	輜重兵監
	輜重兵須知		譯述中	輜重兵監
	兵器保存要領第五類		譯述中	輜重兵監
	汽車保存管理法教程乘用汽車之部		譯述中	輜重兵監
	汽車保存管理法第二類		譯述中	輜重兵監
	汽車保存管理法第三類		譯述中	輜重兵監
	陸軍軍隊符號	一本	出版	軍學編譯處
	軍語釋要	一本	出版	軍學編譯處
	小部隊教練指南	一本	出版	軍學編譯處
	戰車隊軍官必攜	一本	出版	軍學編譯處
	瓦斯防護教育參考書	一本	出版	軍學編譯處
	三四人哨教育法	一本	出版	軍學編譯處
	步兵徒手執槍各個教練教育法	一本	編譯中	軍學編譯處
	初年兵教育之參考	一本	編譯中	軍學編譯處
	初年兵教育細部之著眼		編譯中	軍學編譯處
	前哨之研究		編譯中	軍學編譯處
	步兵射擊	一本	出版	軍學編譯處
	實兵指揮之參考		編譯中	軍學編譯處
	步兵斥候教育		編譯中	軍學編譯處
	步兵操典草案之參考		編譯中	軍學編譯處
	劍術教育		編譯中	軍學編譯處
	輕機關槍射擊教育之參考		編譯中	軍學編譯處
	輕機關槍教育之參考		編譯中	軍學編譯處
	陣中要務令之參考		編譯中	軍學編譯處
	測圖學參考書		編譯中	軍學編譯處
	實戰的步兵操典之研究	一本	出版	軍學編譯處
	步兵射擊參考書	一本	編譯中	軍學編譯處
	劍術教育指導要領		編譯中	軍學編譯處
	日本軍隊教育令	一本	出版	軍學編譯處
	法國統帥要領	一本	出版	軍學編譯處
	英國步兵操典		編譯中	軍學編譯處
	英國陣中要務令		編譯中	軍學編譯處
	世界戰史攬要第一卷		編譯中	軍學編譯處

類別	名稱	數量	已未出版	編譯機關
參考書類	世界戰史攬要第二卷		編譯中	軍學編譯處
	世界戰史攬要第三卷		編譯中	軍學編譯處
	世界戰史攬要第四卷		編譯中	軍學編譯處
	世界戰史攬要第五卷		編譯中	軍學編譯處
	世界大戰實驗談		編譯中	軍學編譯處
	北清事變史要		編譯中	軍學編譯處
	青島攻略小史		編譯中	軍學編譯處
	歐洲小戰史		編譯中	軍學編譯處
	瓦斯戰史		編譯中	軍學編譯處
	軍隊數量表		編譯中	軍學編譯處
	歐洲大戰之心理的教訓		編譯中	軍學編譯處
	熱地戰之概觀		編譯中	軍學編譯處
	世界大戰之戰術的觀察第一卷		編譯中	軍學編譯處
	世界大戰之戰術的觀察第二卷		編譯中	軍學編譯處
	世界大戰之戰術的觀察第三卷		編譯中	軍學編譯處
	世界大戰之戰術的觀察第四卷		編譯中	軍學編譯處
	世界大戰之戰術的觀察第五卷		編譯中	軍學編譯處
	英國遠征軍之沙漠作戰		編譯中	軍學編譯處
	歐洲戰爭細部之研究		編譯中	軍學編譯處
	數線陣地之研究		編譯中	軍學編譯處
	軍隊素質之戰史的研究		編譯中	軍學編譯處
	德國最高的統帥		編譯中	軍學編譯處
	世界大戰中美軍數字的研究		編譯中	軍學編譯處
	戰術戰史講話		編譯中	軍學編譯處
	新戰鬥綱要第一卷		編譯中	軍學編譯處
	新戰鬥綱要第二卷		編譯中	軍學編譯處
	新戰鬥綱要第三卷		編譯中	軍學編譯處
	世界大戰中德法兩軍戰術思想之變遷		編譯中	軍學編譯處
	寒地之冬季作戰		編譯中	軍學編譯處
	工兵基本作業參考書第一篇土工		出版	軍學編譯處
	工兵基本作業參考書第二篇木工		出版	軍學編譯處
	工兵基本作業參考書第三篇石工		出版	軍學編譯處
	工兵基本作業參考書第四篇植杭		編譯中	軍學編譯處
	工兵基本作業參考書第五篇連絡		編譯中	軍學編譯處
	工兵基本作業參考書第六篇漕舟		編譯中	軍學編譯處
	工兵基本作業參考書第七篇混凝土作業		編譯中	軍學編譯處
	工兵基本作業參考書第八篇附錄各種物體之抗力		編譯中	軍學編譯處

類別	名稱	數量	已未出版	編譯機關
參考書類	軍艦與潛水艇之新智識		編譯中	軍學編譯處
	飛行機之新智識		編譯中	軍學編譯處
	戰爭兵器之新智識		編譯中	軍學編譯處
	軍事問答（此係英文本）		編譯中	軍學編譯處
	華英軍語類鈔		編譯中	軍學編譯處
	陣中勤務教程	一本	出版	總務廳
	軍制學教程		審訂中	總務廳
	服務提要		審訂中	總務廳
	軍事教育參考掛圖第一輯	三十種	出版	總務廳
	軍事教育參考掛圖第二輯	二十種	出版	總務廳
	軍事教育參考掛圖第三輯	二十種	印刷中	總務廳
	軍事教育參考掛圖第四輯	二十種	印刷中	總務廳
	軍事教育參考掛圖第五輯	十五種	編審中	總務廳
國民軍事教育用書類	軍事講話	一本	出版	國民政府軍事教育處
	教兵須知	一本	出版	國民政府軍事教育處
	學校教練要綱	一本	編輯中	國民政府軍事教育處
政訓書類	三民主義問答	一本	出版	政治訓練處
	建國大綱問答	一本	出版	政治訓練處
	民族主義與國家主義	一本	出版	政治訓練處
	國民革命的性質使命和方法	一本	出版	政治訓練處
	民生主義之理論與實施	一本	已版	政治訓練處
	各國民權運動概觀	一本	出版	政治訓練處
	國際現狀概觀	一本	出版	政治訓練處
	士兵精神教育問答	一本	出版	政治訓練處
	士兵地理常識	一本	出版	政治訓練處
	軍人適用築路常識	一本	出版	政治訓練處
	新兵政治教育實施表	一本	出版	政治訓練處
	革命軍人	一本	出版	政治訓練處
	模範軍人	一本	出版	政治訓練處
	甲種士兵識字課本	一本	出版	政治訓練處
	乙種士兵識字課本	一本	出版	政治訓練處
	丙種士兵識字課本	一本	出版	政治訓練處
	革命軍連坐法 革命軍刑事條例及懲罰條例 戰鬥祕訣	一本	出版	政治訓練處
	士兵應用文範	一本	出版	政治訓練處

類別	名稱	數量	已未出版	編譯機關
政訓書類	政治訓練旬刊 （該旬刊自十八年六月起每月刊發各級政訓處每期一冊共二十一冊）	二十一期	出版	政治訓練處
	士兵應用白話尺牘	一本	出版	政治訓練處
	曾胡治兵語錄	一本	出版	政治訓練處
	最近宣傳大綱	一本	出版	政治訓練處
	國軍編遣實施大綱	一本	出版	政治訓練處
	蔣主席在平言論集	一本	出版	政治訓練處
	蔣主席在漢宴會各師官長訓話	一本	出版	政治訓練處

附記
本表所載以截至本年十月月終為止。

訓練總監部黨義研究會統計表

自十九年三月起至十月止

第一組　總務廳　組長陳啟之				
幹事姓名	會員人數	開會日期	組務會議日期	研究書目
谷之壇 范廷章 何錫垚 車濟川 章亞俊	62	每星期五 上午10時 至11時30分	每逢星期一	實業計畫 孫文學說 建國大綱 帝國主義侵略中國史

第二組　步兵監　組長賀國光				
幹事姓名	會員人數	開會日期	組務會議日期	研究書目
李明灝 胡三傑 劉宗禧	13	每星期六 上午9時 至10時	每星期三	孫文學說 建國大綱

第三組　騎兵監　組長汪鎬基				
幹事姓名	會員人數	開會日期	組務會議日期	研究書目
盧達淇 汪州廷	7	每星期六 上午9時 至10時	每星期三	孫文學說 建國大綱

第四組　礮兵監　組長張修敬				
幹事姓名	會員人數	開會日期	組務會議日期	研究書目
童序鵬 陶　鑑	5	每星期六 上午9時 至10時	每星期一	孫文學說 建國大綱

第五組　工兵監　組長吳和宣				
幹事姓名	會員人數	開會日期	組務會議日期	研究書目
張應儒 趙　鰲 韋兆熊	9	每星期六 上午 9 時 至 10 時	每星期三	孫文學說 建國大綱

第六組　輜重兵監　組長李國良				
幹事姓名	會員人數	開會日期	組務會議日期	研究書目
成　杰 楊紹錫	7	每星期六 上午 9 時 至 10 時	每星期二	孫文學說 建國大綱

第七組　政治訓練處　組長周佛海				
幹事姓名	會員人數	開會日期	組務會議日期	研究書目
陳錫符 王遂之	29	每星期六 上午 9 時 至 10 時	每星期一	實業計畫 孫文學說 建國大綱

第八組　國民軍事教育處　組長王繩祖				
幹事姓名	會員人數	開會日期	組務會議日期	研究書目
王澤民 周維綱 程秉仁	12	每星期六 上午 9 時 至 10 時	每星期三	孫文學說 建國大綱

第九組　軍學編譯處　組長楊吉昌				
幹事姓名	會員人數	開會日期	組務會議日期	研究書目
駱韞韜 李成傳	32	每星期二 上午 9 時 至 11 時	每星期五	孫文學說 建國大綱

附記
一、組長由各處長官充任。
二、幹事由本組內會員選舉充任。
三、組務會議由組長、幹事組成。

國軍編遣委員報告書

　　本會自十八年一月一日宣告成立以還，迄今計逾一載有半，雖於各部隊之裁留標準、軍官佐之退役俸率及給予規則、點驗條例、點驗實施規則、編遣懲獎條例、陸軍給與、陸軍編制原則，與夫編餘官兵安置及分遣實施辦法等項，皆曾釐訂專章期諸實現，而以軍事迭起，或著手無由，或半途輟止，茲就自本年三月至十月之政治工作分述如次，敬祈察覽。

一、點驗事項

　　本會自去歲編遣實施會議後，即經遵照議案分別製定法規，並委派點驗委會分赴各編遣區及編遣分區實行點驗，計編有中央第一、第三各編遣區點驗彙報表及直轄第一、第二、第三、第五各編遣分區點驗彙報表，嗣以討逆軍興，各部隊相繼動員，以致實施編遣多所窒礙。

二、縮編事項

　　各部隊員兵武器既經點驗後，即由本會按照大會議案製定「縮編程序」、「裁留數目」、「編餘處置」各方案，以備次第實施，亦以各部隊動員討逆，未克執行。

三、安置事項

　　本會職司編遣，則編餘之官佐士兵自不能不預籌

安置之法，故擬將編餘官佐酌量其資格學術，或改任中
等以上各學校軍事訓練教官，或改任警察官吏，或改任
地方官吏，或分送職業養成所，或保送國內各軍事學
校、警官學校，或保送出洋留學，或考察其編餘士兵，
或改充警察及保安隊，或改歸各種建設事業，其有負傷
殘廢者，或收容於殘廢軍人教養院，或另籌他項辦理，
均由各該管長官填具表冊，呈由各該編遣區域或直接編
遣分區彙報本會咨交陸海空軍撫卹委員會統籌辦理。他
如軍醫人員，凡有正式軍醫學校出身者，由各該管編遣
區或編遣分區盡量錄用，其無法安插所編餘各員，准由
各該管編遣區或直轄分區報由本會核准轉送軍政部候
差，或派出洋留學，或設校深造。

四、經理事項

本會經理情形在三中全會開會前業經詳細報告在
案，自三中全會閉會後，編遣事宜仍勘進行，經理計劃
隨之擱置，茲將款項出納分陳如下。

本會經理部自十八年八月下旬始先後收財政部撥
到編遣委員經費百五十萬元，結至十九年二月二十七日
止，存洋二十五萬八千四百一十四元三角零四厘，旋收
存款利息及點驗組遣置部繳還餘款洋一萬三千零七元六
角八分五厘，截至現在止，共支出洋二十七萬一千四百
二十一元九角八分九厘，收支相抵並無結存。各點驗組
尾數及經理分處墊款尚未結清者，仍須續發，曾於撥交
總司令部經理處洋十八萬九千餘元案內聲名續發各款由
該處負責撥發。要之本會經理部經發各款均係根據法

規，或經常會決議，或經委員長批准施行，並經按月將收支數目送登政府公報及中央日報以昭實在。

編遣事宜既如上述，因軍事頻興，多所窒礙，故本會於本年三月二十二日舉行第三十七次常務會議時提出縮小本會編制案，一面以資節省經費，一面以示仍須賡續進行，將所有職員裁去四分之三，計二百餘員，留八十五員，經臨費規定在一萬五千元以內開支。九月十五日復奉國民政府指令提經第九十三次國務會議議決本會期限延至明年三月為止。政府對於實施編遣之苦心，於斯共見。良以實施編遣為消除內亂、實現和平之根本要圖，無論如何困難，仍當持以精誠，殿以毅力，不偏私，不欺飾，不假借，不中輟，竭力以赴，堅持到底。曩由財政部發行編遣公債七千萬元，印發以後銷行異常順利，南洋僑胞尤樂於購買，足徵全國民眾盼望編遣之切，而本會終當謹守第一次編遣大會宣言及編遣實施會議宣言，永矢不渝切實執行者也。

首都建設委員會報告書

　　謹按本會自十八年六月二十二日成立以至十九年二月底止，所有工作業編具報告呈送國民政府並請轉送第三屆中央執行委員會第三次全體會議鑒核在案。茲謹編具十九年三月至十月政治工作報告書，其內容分為三種事項：曰計畫事項，凡本會工程方面及經濟方面之設計經過屬之；曰審議事項，凡本京各機關徵收土地、建築工程及其他由本會審核之案件屬之；曰總務事項，凡本會業務之概況、會議之舉行及不屬其他事項之工作屬之。分別具報如左。

一、計畫事項

（一）規劃首都幹路系統圖呈請國府公佈

　　查本會於本年一月二十日奉國民政府第一八號訓令開，查中央政府行政區域現經決定在明故宮，所有全城路線應即劃定公布，合行令仰該會遵照辦理為要等因，旋由劉委員紀文參照前國都設計技術專員辦事處道路計劃原則，並顧及南京舊城之狀況，製定首都幹路計劃圖，於本年二月二十七日第一次臨時會議提出討論，當經議決呈請國府公佈，關於提案中總車站一點暫予保留，經根據決議將原圖呈送國民政府請予核准公佈，嗣於本年三月奉國府指令准予公佈並飭張貼原圖於各衝要地方等因，業經遵照辦理。

（二）擬定首都幹路名稱呈請國府核准公佈

　　查首都幹路系統圖經於十九年三月間呈奉國民政府指令照准公佈，旋由劉委員紀文擬定各幹路名稱，提經第一次全體大會及歷屆常會討論修正，繪製首都幹路擬名圖呈送國民政府請予核准公佈，嗣於十月六日奉國府指令業經第九十六次國務會議修正通過准予公佈在案，茲已印製該圖分別函送京市府及警察廳查照，並請分區張貼。

（三）規劃次要道路

　　查本會第一次全體大會，劉委員紀文擬具首都次要道路及林蔭路計劃圖案提請討論，當經議決交常務委員會核定，經第二十二次常會交工程建設組擬具實施計劃呈候核奪去後，旋據報告擬先將中山路以北、子午線以西次要道路公佈，復經第三十二次常會議決，照工程組審查意見通過，現在正呈請國民政府備案中。

（四）規劃中央車站地點

　　查中央車站地點問題，迭經歷次常務會議及第一次全體大會討論，並經令飭工程建設組妥議具報，旋據報告以中央車站地點以明故宮后宰門以北一帶為適宜，又經提出第二十七次常會議決先交工程、經濟兩組會同洋顧查勘明故宮四周界線，以后宰門以北是否在明故宮區域之內，並明故宮是否足敷中央政治區設備之用呈候核奪等因，嗣據報告查勘情形，復經提出第二十八次常會議決中央車站地點在后宰門以北，與中央政治區域無抵

觸，業經根據決議函鐵道部查照辦理。

（五）擬訂城市計劃實施之程序及首都建設年表

　　查本會第一次全體大會孫委員科提議擬定城市計劃實施之程序案，及劉委員紀文提擬請確定首都建設工作年表及完成期限，經合併討論議決交常務委員依據全部計劃及經濟狀況訂定分期建設程序，嗣經第二十二次常會決議交工程、經濟兩組照案辦理，現正在妥議規劃中。

（六）規劃首都分區圖案並擬訂首都分區條例

　　查本案由劉委員紀文繪具圖案擬訂條例提出第一次全體大會議決，分區條例原則通過，連同有關係各項提案交常務委員會核定，嗣經第二十二次常會議決分區條例文字方面交祕書處整理，分區圖案及有關係各案交工程組詳細研究具報核奪在案，現正在分別審議修正中，候確定後再呈送國民政府核示。

（七）擬具預防揚子江水患辦法

　　查本會第二十三次常務會議，工程師梅克超建議揚子江水患之預防辦法，其要旨謂根據測量紀錄，中山路自挹江門至惠民河至江邊一段江水有溢出之虞，亟宜興築下列各項工程：

（1）在該段路之北沿路自挹江門至江邊築一堤壩

（2）在該段路之南將原有自挹江門至江邊之堤壩築填高

（3）在該段路之東端沿惠民河西岸築堤

（4）在該段路之西端沿揚子江原有江岸填高其堤面，
　　　高度概等於水標二十六呎

等語，當經議決轉呈國民政府等因，除照案轉呈外，並
檢案函送京市府查照，嗣准文官處函復，本案業經遵
七十七次國務會議議決交南京市政府辦理。

（八）規劃中央政治區建築布置平面圖

　　查中央政治區自本年二月奉國府令決定在明故宮
後，本會即積極從事中央各機關建築布置圖案之規劃，
先後由孫委員科暨顧問舒巴德繪具詳圖，並經提出本
會第一次全體大會議決交工程組併案研究，嗣復於第
二十六次常會議定計劃原則，令飭工程組遵照辦理，旋
據該組呈送中央政治區建築物布置平面圖提出第三十次
常會議決，「將關於本案經過情形及所有圖案彙印函送
各院部會徵集意見，請於兩星期內以書面答復」等因，
業經根據決議編印計劃中央政治區建築圖案之經過分送
各機關查照見復，現在已准各院部會先後函復到會，擬
再併案提出常會，將來或照各機關意見分別採納修正原
圖，或再向國內專家徵求圖案，須俟常會決議辦理。

（九）規劃新住宅區

　　查本會第二十三次常務會議，魏委員道明提議擬圈
用中山路之西大方巷附近一帶空地三千餘畝，建築模範
住宅區，藉以促進鼓樓以北中山路之繁榮一案，經議決
交工程、經濟兩組審查，去後旋據報告以所指地段及所
訂辦法均尚適當，惟擬將名稱改為新住宅區等語，復經

第二十六次常會議決照審查意見通過函魏委員查照，嗣又准京市府函送新住宅區計劃圖請予審核，經先交工程組審查，認為與國都設計尚無妨礙，惟對於原圖擬供獻四點：

（1）放大中心廣場之面積，將該區辦公處所、學校、保安團體及公眾娛樂場所集中於中心廣場之四周，以便居民之聚集

（2）住宅區道路可就地形取曲勢

（3）人行道宜稍寬

（4）車行道無須過寬，而建築基地界線距離宜寬

等情，又經提出第三十一次常會議決，照審查意見函復京市府查照。

（十）規劃籌措首都建設經費各項方案

（甲）發行首都建設公債案

　　　本會於成立之始，即有發行公債三千萬元，另由各省區分擔二千萬元，以充首都建設經費之決議案，三中全會通過此項原則，本會第一次全體大會更議決請撥借各國退還庚子賠款相當部分以充發行此項公債之基金，嗣准國府文官處函知以中央執行委員會政治會議核議略開，「查庚款用途前經第三屆中央執行委員會第二次全體會議於十八年六月十七日決議，就庚款全部中撥用三分之二為鐵道建設經費，以庚款三分之一為水利及電氣事業等建設經費」，是以再無餘額為本會公債之基金，復經第二十五次常會決議，

依照三中全會通過原則連同有關係各案併交經濟
組悉心規劃具報。

（乙）各省區分擔建設經費案

本案經本會第一次全體大會通過，嗣呈奉國府指
令略開，該方案未盡妥善，仰侯本府另訂辦法再
行飭遵等因，現在尚未奉到另訂辦法之訓令。

（丙）鐵道附加捐案

本案經本會第一次全體大會決議交常會採擇，嗣經
常會決議，由鐵路帶徵附加捐，經函商鐵道部，
去後該部以原有附捐尚應遵令取銷，未便再徵。

（丁）首都各機關徵用官地應給價充首都建設經費辦法

查本案經本會二十四次常務會議出討論，經議
決通過並呈奉國民政府指令准予通令各機關照
案辦理在案，嗣復經第三十次常會議決，測丈評
價手續委託京市府辦理，價銀由京市府代收，隨
撥送到會專款存儲，凡在民國十九年六月九日國
府通令以前各機關收用之官地，至通令後尚未
實行使用或收用手續尚未完畢者，均應一律繳
價，又凡已徵收而延不使用至一年以上者，應將
該地退還，如不退還亦應繳價，並經錄案函知
京市府查照。

（十一）規劃設置首都國貨合作商場及國貨街

按本會第一次全體大會孔委員祥熙提議創辦首都
國貨合作商場提倡合作事業以發展國貨案，依據合作原
則使消費與生產者均沾實惠，茲本提倡國貨合作之旨，

擬就首都各繁盛地方分設國貨合作商場，按照生產、消費兩項合作原則規劃之，並擬就新街口建置國貨街，羅列全國重要物產分別售賣，藉以提倡國貨，並以促進首都市面之振興，其規劃方案已將次竣事。

（十二）規劃首都之林園建設

查本會第一次全體大會關於孔委員祥熙提議首都林園建設方案，議決交常務委員會討論，嗣經第二十二次常會議決交經濟建設組詳為規劃在案，現該組已將首都原有之園林事業建設狀況調查完竣，更擬具園林區之新建設及植林方法等有系統之方法。

（十三）規劃首都米市

查本會第一次全體大會關於孔委員祥熙提議設立首都米市以振興商業調劑民食一案，其辦法為建設大規模之米業碼頭、堆棧、打包廠，並舉行檢驗登記，實行度量衡新制，組織米食消費合作社等項，當經決議交工商部民食委員會及南京市政府會同辦理，經分別函知在案，嗣准工商部咨復已轉咨經市政府辦理，復准經市府函送首都米市籌備處據組織章程到會，除籌案外，並發本會經濟建設組知照。

（十四）規劃整理首都土地

按首都土地須從事整理，爰悉心規劃將首都市內土地分別池塘、灘地、官地、西北部高地四項。對於池塘之整理先行查勘，凡池水污濁或有礙交通及市場發展

者，既先予填平，俟自來水下水道設置完全，一切池塘
除具有天然風景外，悉予填平。對於灘地之整理，就江
洲各灘地分別測勘，擇其土地肥沃者墾為農田，其次雜
植蔬果，務使盡化為能生產之土地。對於官地之整理，
理當分別為未處分與已處分兩部，已處分者調查其畝數
及價值，未處分者綜計其畝，分詳志其區分，以備公
用。對於西北部高地之整理，分別調查土質，培植林
木，並規劃高等住宅區，此項規劃現已將次竣事。

二、審議事項

查本會事前以首都各機關有未經本會審議，先自徵
收土地自動建築者，與國都設計不無妨礙，爰於本年三
月呈請國民政府通令各機關，嗣後凡徵用土地及建築等
事項，須先函咨本會審查，嗣奉旨令准予照辦並通令飭
遵在案。

（一）營房設計處擬徵收建築營房之地址案

本案准京市府函以營房設計處擬徵收江東門城隍
廟附近中山門外觀音閣前以及富貴山至太平門小營一帶
及三元巷附近地址建築營房，與國都設計有無妨礙，請
予審核等由，經交工程建設組審查，認為與國都設計雖
無妨礙，但中山門外觀音閣前一帶密邇總理陵園，似宜
徵求陵園管理處意見，富貴山至太平門小營附近皆可為
火車總站地點，宜徵求鐵道部意見，又三元巷總司令部
附近，建築時應於該地北端照公布之幹線退縮等情，復
經提出第十九次常會議決照審查案通過，爰根據決議函

復京市府查照。

（二）子午線路南段兩旁段落分劃圖案

　　本案准行政院函以京市政府呈送子午線路南段自新街口至珠寶廊一段兩旁段落分劃圖請予審核等由，經交工程建設組審查，認為幹線中有與國府公布之首都幹路系統圖不符者，應加修正，其支路尚無不合等語，復經第十九次常會議決照審查意見辦理，爰照案函復行政院查照。

（三）中正街至漢府街幹線兩旁段落分劃圖案

　　本案准行政院函以京市府呈送中正街至漢府街幹線兩旁段落分劃圖轉請審核等由，經交工程建設組審查認為與幹路系統不符，經提出第十九次常會議決照審查案函復。

（四）改築小營南端路線案

　　本案准京市府函送圖樣請予審核，經交工程建設組審查，以該地段為幹線通過之處，未便改築，復經第十九次常會議決照審查意見函復京市府查照。

（五）軍官學校擬徵收上新河等處建築水飛機場案

　　查本案准軍官學校函請審核，經交工程建設組審查後，認為與國都設計尚無妨礙，復經第十九次常會議決照審查意見通過函復查照。

（六）印鑄局擬徵收黃家塘地段籌建新印刷所案

　　本案准文官處函請審核，經交工程建設組審查認為與國都設計尚無妨礙，復經第二十一次常會議決照審查意見通過，函復文官處查照。

（七）中央廣播無線電台擬在江東門外于家塘西首建築播音鐵塔案

　　本案准中央廣播無線電台函請審核，經交工程建設組審查後，認為與國都建設計劃尚無妨礙，復經第二十一次常會議決照審查意見通過，並函復該電台查照。

（八）京市府造具實施幹路計劃路線戡定預算兩種請審查案

　　本案准京市府函請審核，經提出第二十二次常會議決採用第一種辦法辦理函復查照，其辦法為先根據國府公布之二千五百分一圖路線，復在每條路線兩旁約十五公尺之範圍以內測成五百分一平面圖，然後依據該圖參照原定路線，確定該線之基點，復將此項新繪路線按圖確定中心樁，約需六個月即可成功。

（九）教育部擬徵收朝天宮及卞公祠一帶地基建築教育館案

　　本案准教育部函請審核，經提出第二十二次常會討論，以此項建築與首都建築計劃尚無妨礙，議決通過並經函復教育部查照。

（十）工商部擬在淮清橋一帶建築國貨工廠合作商場案

　　本案前准工商部函請審議，嗣復據淮清橋居民代表陸順海等呈請轉咨工商部另擇地點，節經提出常會討論，並交工程建設組審查，僉以該地與學校毗連，且非工業區，不便用為工廠，若只作商場，雖與國都設計無甚妨礙，但亦不甚適中，復經提出第十九次常會議決照審查案函復，嗣准工商部函請另擇較好地點作為商場，或仍照案就淮清橋一帶指定之地基籌劃進行，又經第二十二次常會決議交工程、經濟兩組會同京市府另議相當地點，嗣據報告稱商場地點除淮清橋外，新街口破布營亦極相宜，兩地任擇一處，或先就淮清橋著手經營等情，復經提出第二十四次常會議決照審查意見咨復工商部，旋准該部咨擬以新街口破布營為建築第二商場之用，請予保留等由，轉函京市府查照。

（十一）交通處擬徵收處西基地建築房屋案

　　本案准京市府函以總司令部交通處擬收用處西基地建築辦公房屋請予審核等由，經交工程建設組審查，認為與業經國府公布之首都幹路系統圖尚無妨礙，惟與未經公布之次要道路計劃有無妨礙，現難揣測等情，復經提出第二十五次常會議決照審查意見通過，並照案函復查照。

（十二）工商部擬徵收鄧府巷民地建築辦公室房屋案

　　本案准工商部函請審核，經交工程建設組審查，將原計劃圖修正後，復經提出第二十五次常會議決照審查

案通過函復工商部查照。

（十三）衛生部擬徵收鼓樓下傅家園一帶地址建築房
　　　　屋案
　　本案准衛生部函請審核，經交工程建設組審查，認為與幹路系統尚無妨礙，復經提出第二十五次常會議決照審查案通過函復衛生部查照。

（十四）外交部擬徵收獅子橋民地建築案
　　本案准外交部函請審核，經交工程建設組審查，將原計劃圖修正後，復經提出第二十五次常會議決照審查案通過函復外交部查照。

（十五）衛生部擬在黃埔路中央醫院後身購地推廣院
　　　　址案
　　本案准衛生部函請審核，經交工程建設組審查，認為與國都設計尚無妨礙，經提出第二十五次常會決議照審查案通過函復衛生部查照。

（十六）軍政部軍需署擬收買光華門外中和橋象坊村
　　　　地段建築營房案
　　本案准京市府函轉請審核，經交工程建設組審查，認為與國都設計尚無妨礙，復經提出第二十五次常會議決照審查案通過函復京市府查照。

（十七）亞細亞火油公司三汊河油塔應否准予續租推
　　　　廣案

　　本案准京市府函請審核，經提出第二十一次常會
議決交工程、經濟兩組會同京市府審查，嗣據工程組報
告會同審查意見，以該公司油棧地址已由前國都設計技
術專員辦事處擇定為建築商港碼頭之用，應不准其續租
及推廣等情，又經提出第二十三次常會議決照審查案通
過，另由工程、經濟兩組勘定可設油棧之地點具報核奪
等因，旋據復稱國都設計全部規劃尚未完成之先，另指
地點實多困難，不妨由市府酌定期間，姑准該公司暫行
仍舊，但須立一願書，由領館擔保期滿須即遷讓，期內
如國都設計已經完成另指地點，亦須隨時遷移等情，復
經提出第二十六次常會議決照審查意見通過並函復京市
府查照。

（十八）勵志社擬徵收黃浦路轉角地基建築新社址案

　　本案准勵志社函請審核，經交工程建設組會同舒
巴德顧問、梅克超工程師審查，旋據報告以該社所徵收
地段係在明故宮一帶，已定為中央政治區，該地是否可
圈作該社社址，非俟本月十五日第一次全體大會開會對
於中央政治區區域範圍確定後未便取決等情，復經提出
第二十一次常會議決，照審查案通過並函復勵志社在
案，嗣准勵志社來函，除請核准徵收之地點外，並請
於設計時將該社計劃加入中央行政區域，又經提出第
二十二次常會決議交工程、經濟兩組會同京市府查勘具
報，復據報告以勵志社所徵收黃浦路轉角地基一百畝位

置於中山路之北，按諸本會工程組計劃中央政治區機關
建築胥在中山路之南，彼此並無妨礙，惟照舒巴德顧問
計劃，該地應有中央建築，但此項計劃尚未正式確定，
將來規劃不妨略事移動，即可免避，所有該社擬請徵收
地點可予照准等情，復經提出第二十四次常會呈請國府
核示，嗣准文官處函以奉諭由該會自行決定等因，經提
出第二十六次常會議決關於新社址核與國都設計尚無妨
礙，餘毋庸議，並函復勵志社查照。

（十九）京市府擬具預防揚子江水患計劃預算案

　　本案准京市府函送請予審議，經交工程、經濟兩
組會同審查後，認為計劃妥切，估計適當，應速施工，
並為轉呈國府催撥該款以應急需，復經提出第二十六次
常會議決照審查案通過，並照案分別呈知。

（二十）軍政部擬徵收小營太平門一帶地址添建學校
　　　　營房案

　　本案准軍政部函請審議經交工程、經濟兩組會同
審查，認為與現在計劃中之總車站及鐵道經過線有礙，
應俟車站地點確定後再行核議，復經第二十六次常會議
決照審查案通過，並照案函復軍政部查照。

（二十一）　中央研究院劃撥清涼山院址案

　　本案准中央研究院函請審核，經交工程、經濟兩
組會同審查，旋據報稱該院所徵收地址對於該地內所有
新近規劃之路線應於建築時注意避免，其範圍內一切名

勝古蹟應由該院直接負責修理保管以供民眾遊覽等情，
復經提出第二十六次常會議決照審查意見通過並函復
查照。

（二十二）　京市府擬具交通路平面圖計劃書案

　　本案准京市府函請審議，經交工程組審查後認為
該路既經著手建築，似可不必討論，復經提出第二十六
次常會議決照原案通過函復查照。

（二十三）　中央政治會議祕書處擬用裴家橋民地建築
　　　　　　房屋案

　　本案准中央政治會議祕書處函請審核，經交工程、
經濟兩組會同審查修正原圖，復經提出第二十六次常會
議決照審查案通過並函復查照。

（二十四）　京市府擬具放寬新街口交叉道計劃案

　　本案准京市府函送審核，經交工程、經濟兩組會
同審查後，認為應照京市府所定之寬度辦理，復經提出
第二十六次常會議決照審查案通過並函復京市府查照。

（二十五）　教育部擬徵收雙井巷以北沙塘園地址案

　　本案准教育部函請審核，經交工程組審查後認為
與國都設計尚無妨礙，復經提出第二十六次常會議決照
審查案通過並函復教育部查照。

（二十六） 建設委員會擬就下關電廠添購民地建築新
　　　　　 電廠案

　　本案准建設委員會函，以原擬在三汊河附近建築
新電廠，嗣以試驗土質不合建築，茲擬改就下關電廠添
購民地為建築之用以應急需等由到會，經交工程建設組
審查，去後旋據報告認為此種辦法既為暫應目前需要起
見，自無大礙，惟該處附近地段津浦路局業經收用，現
在建委會圈用民地宜先顧及等情，復經提出第二十八次
常會議決照審查意見函復建設委員會查照。

（二十七） 京市府擬收用蒲包洲至清涼山一帶土地埋
　　　　　 設自來水廠進城總管案

　　本案准京市府函請審核，經交工程組審查認為與首
都設計尚無妨礙，復經本會第三十次常會議決照審查案
通過函復京市府查照。

（二十八） 美孚洋行擬永租美孚棧街基地建築油池案

　　本案准京市府函轉請審核，經交祕書處及工程、
經濟兩組審查，旋據報告會同審查結果，以美孚棧街為
國都設計商業區，對於設置富有危險性之煤油棧池甚不
相宜，所有該美孚行呈請永租建築油棧一節礙難照准等
情，復經本會第三十次常會議決照審查意見通過函復京
市府查照。

（二十九） 金陵大學函請變更穿過該校農學院與大禮
　　　　　堂間之路線案

　　本案准金陵大學函請審核，經交工程組審查認為
將經過該農學院與大禮堂之路線略為變更，尚與首都計
畫無礙，似可照辦等情，復經本會第三十次常會議決該
路線尚未決定，所請變更之處交工程組參考。

（三十） 司法行政部徵收公園路旗地建築法官訓練所案

　　本案准司法行政部函請審核，經交工程組審查，
認為與首都設計尚無妨礙，惟所擬建築地址係在公園路
之旁，該所如興工建造時似宜預先寬留地段，以免將來
或有妨礙等情，復經本會第三十次常會議決照審查意見
通過函復司法行政部查照。

（三十一） 京市府擬具建築挹江門城門計劃案

　　本案准京市府函請審核，經交工程、經濟兩組會
同審查，認為挹江門交通繁劇，與本京治安及觀瞻有
關，均有建築城門之必要，所擬圖案採取舊法亦足保存
舊偉大建築，核與國都設計並無妨礙等情，復經本會第
三十次常會議決照審查案通過函京市府查照。

（三十二） 京市府以首都城內禁止厝葬函請查核案

　　本案准京市府函請查核，經提出本會第三十一次
常會議決應予禁止，函復京市府查照。

（三十三） 京市府擬徵收玄武湖界內葉世章等土地以備擴充五洲公園案

　　本案准京市府函請審核，經本會第三十一次常會議決應予徵收，函復京市府查照。

（三十四） 京市府擬具開闢中山碼頭至澄平碼頭一帶馬路計畫案

　　本案准京市府函請審核，經交工程組審查，認為自大馬路至澄平碼頭一帶照原案通過，惟大馬路至中山碼頭一段核與該段之首都碼頭計劃有關，且該處原有路線目前尚可敷用，此段新擬路線暫予保留，所擬公園不妨提前建築以予民眾便利等情，復經本會第三十二次常會議決照審查意見通過函復京市府查照。

（三十五） 京市府擬在靜海寺後空地及跑馬巷旗地建築小公園兩處案

　　本案准京市府函請查核，經交工程組審查，認為與國都設計尚無妨礙等情，復經本會第三十二次常會議決照審查案通過函復京市府查照。

（三十六） 軍政部擬收用鼓樓北大方巷大佛寺寺產為建築理化研究所基地案

　　本案准軍政部函請審核，經交工程組審查認為鼓樓北大方巷大佛寺寺產地內有已經公布之幹路兩條經過，因須劃出，且該地緊接新住宅區，以建築理化研究所基地似不相宜，請另擇地點等情，復經本會第三十二

次常會議決照審查意見函復軍政部查照

三、總務事項

（一）經濟建設組組織成立

　　按本會組織規程第四條之規定，本會設工程建設組及經濟建設組分掌計劃事宜，經奉主席指定孫委員科、孔委員祥熙為各該組主任委員，工程建設組業於本年一月一日組織成立，所有經濟建設組辦事細則及月支經費預算書等經於本年三月間先後提經常會分別修正通過，並議決聘任金國寶、鄧剛、楊宗炯、張軼歐、高秉坊、成嶙、何德奎、徐肇鈞、劉蔭茀、陳鐘聲、凌道揚、劉友琛、陳端十三人為專門委員，並指定陳端為專任委員，於四月一日正式成立。本年六月復准孔委員祥熙提議，本會經濟建設組專門委員十三人中有金國寶、楊宗炯、何德奎、鄧剛四委員任事他方，於本會工作勢難兼顧，擬請改聘魏道明、齊敘、唐伯文、張忠道四君，並加聘姚光裕君為該組專門委員等由，經第二十六次常會議決，除金委員國寶保留外，餘照案通過，當即根據決議分別函聘。

（二）舉行第一次全體大會

　　按本會遵照國民政府頒布組織條例每年開大會一次或二次之規定，經本會第十六次常會議決，於四月十五、十六、十七，三日開第一次全體大會並通過大會臨時費預算，擇定勵志社為會場，著祕書處籌備一切，由主席召集京內外各當然委員及列席各員準期開會，計

到出席委員四十人、列席會員十五人，列入議程之提案
共七十四件，又臨時提案三件，均經分別議決，即於
十七日下午二時舉行閉會式，所有決議案交祕書處分別
整理呈送國民政府備案，並分送各委員查照（其重要各
案辦理情形分見計劃事項欄）。

（三）編印大會特刊

本會第一次全體大會之提案、決議案、法規、文
電、宣言及大會期前籌備經過、大會閉幕後一切辦理事
項，分類彙編印成「首都建設委員會第一次全體大會特
刊」一種，於六月間出版，分送各級黨部、各院部會、
各省市政府及本會各委員。

（四）聘陳自康代理工程組專任委員

本會工程建設組專任委員林逸民於本年三月奉派
赴葫蘆島經營北方大港，嗣於五月間准孫委員科提擬以
陳自康代理工程建設組專任委員，經第二十三次常會議
決通過由會函聘。

（五）撰「中國新都之概況」論文

案准行政院函以比國萊蒲丁報館擬在博覽會期間
發行中國專刊，附送編纂要旨及論文題目，請撰「中國
新都之概況」一篇，以便彙集轉寄等由，經向工商部、
京市府等機關搜集材料，分緒論、工程、經濟、餘論四
章分別撰擬，並譯為英文函送發行政院彙轉。

（六）印行首都建設刊物

　　查本會自成立以後即印行刊物一種，定名為首都建設，內容分論著、計劃、法規、公牘、會議、統計等欄，其發刊時期以稿件徵集之質量為標準，計去年出版兩期，今年三月印行第三期，七月印行第四期，均分別贈送本會各委員及京內外各級黨部、各機關、各圖書館存閱，此後擬改編各項計劃專刊為有系統之序述。

（七）裁員減政

　　查本會自成立以來，財政部向未按照本會每月一萬六千七百元之經常費預算發足，至多不足三成，截至本年八月底共欠經常費約八萬六千餘元，以致日用拮据，各職員薪金難於籌發，遂從事緊縮，經第三十次常會決議工程、經濟兩組併合祕書處辦公，九月一日實行，該兩組各留專任委員一人，技術員或專門人員一人，所有兩組總務事項均由祕書處辦理，祕書處亦裁員六人，計裁減職員五分之三，每月開支減為八千元，並呈請國民政府轉飭財政部照實支數按月撥款。

（八）籌設首都百業咨詢處

　　按首都建設工程、經濟同屬要端，而經濟一項尤當與人民提攜共進，國內人民及海外華僑其願在首都投資以謀企業者頗不乏人，或以未明真相尚在趑趄，或以有待贊助未能急進，為予以助力且利便各方人士欲在首都興辦百業遇有事項可就咨詢起見，當擬具籌設首都百業諮詢處辦法，提經第三十二次常會議決通過，遵即著手

籌備。

（九）增聘工程建設組專門委員

本會第三十一次常務會議，孫委員科提議工程組原有委員七人，時有因公離京致因人數不足不克開會，似宜依照本組組織章程增加至十一人，查有顏德慶、鄭華、關頌聲、沈祖偉、許行成五人對於設計建築工程均有學歷，擬請加增為本組專門委員，當經議決通過分別函聘。

（十）續聘舒巴德為本會顧問

按本會前經第一次常會議決請國府將前派京市府之德顧問舒巴德調派在本會服務，本年八月間准陸海空軍總司令部招待所函詢舒巴德君於本年九月三日已屆辭聘之期，應否繼續延聘請查照見復，當提經第三十次常會議決，舒顧問在本會工作貢獻甚多，當此首都建設尚未完成，如能繼續延聘，極所歡迎，即函復轉請總部裁酌，去後旋准復函以現查顧問舒巴德已奉准繼續延聘一年等因，當通知舒顧問查照。

（十一）美工程師梅克超聘約期滿

查本會於十八年十二月約聘美國人梅克超為工程師，根據簽訂合約至本年十一月底期滿，由該工程師造具回國用費預算書送會核撥，但不得超過美金六百元，前准該工程師造具此項預算前來，已轉呈國民政府請予令飭財政部照撥，以符合約。

　　本會工作之犖犖大者具如上述，是首都建設之計畫
方面已粗備大綱，即有待於經費之籌集以謀計劃之次第
實施，如道路系統之已經公佈者，中央政治區之建築布
置即將決定者，均為首都工程建設中之先決問題，本會
已列入第一期實施程序中，即將著手興建。至先期完成
道路之長度及中央政治區建築之標準，當視其需要之緩
急，並預算其所需之經費，擬具精密之統計，敬候中央
決定以表布於人民而慰全國希望之殷。其他計劃如分區
問題亦屬重要，本會已備具圖案妥慎審議，待議決核定
後，首都各項建設更可有所依據矣。

導淮委員會報告書

本會自三中全會以後至現在止，對於導淮設計及其他一切工作悉仍賡續前次報告書分別進行，次第實施。茲將關於工務、會務兩部分工作情形摘要編成報告書，提請察核。

一、工務事項

 （一）關於設計事項

 （二）關於測繪事項

二、會務事項

 （一）關於會議事項

 （二）關於編訂法規事項

 （三）關於調查統計編譯事項

 （四）關於委任各地協助委員事項

 （五）關於經費籌募事項

一、工務事項

工務處成立以後，對於查勘、測量、設計、繪圖各項悉心籌劃，積極進行，嗣為經費所限，查勘測量之工作至六月以後不能繼續而暫告停止，惟對淮域各河系之治導規劃設計及繪算始終未敢稍怠，本諸以前圖表及本處測勘所得材料，業將淮域各河之治導綱要規劃就緒，曾擬訂技術報告一冊，內載排洪工程計劃、航運工程計劃、灌溉工程計劃三大部，對於淮河下游、淮河中上游及其支流洮河、沂河、泗河之治導，中運河、裡運河、淮河至海口之航運，廢黃河、南北運河東西各區之灌溉

詳敘無遺，並附計劃圖凡三十幅。其中關於淮河下游
之治導、裏運河之航運灌溉為導淮工程初期之主要部
份，並已完成其細部設計，經費有著，立可興工。至於
其他各項則有待於詳細測量設計者尚多，茲將測繪設計
工作之經過，除已編列報告於三中全會者外，擇要敘述
如後。

（一）關於設計事項
甲、水文研究

　　1. 洪澤湖操縱洪水之功用

　　　　洪澤湖容量甚鉅，足為淮河洪水之緩衝，使洪
　　　　水不致傾瀉入江為長江患。此項研究即所以確
　　　　定洪澤湖水位之最高限度暨入江水量之如何操
　　　　縱，方可以策萬全，計分為四節，一闡明淮河
　　　　洪水入江後江水位增高之數量，二闡明洪水期
　　　　內洪澤湖洩量變化之規律，三確定淮河標準洪
　　　　水峰為設計之張本，四推算洪水期內洪澤湖水
　　　　位之變化狀態。

　　2. 灌溉期裡運河之給水量

　　　　歷來對於裡運河供給裡下河一帶農田之水量無確
　　　　切之統計，殊難為灌溉計畫中分配水量之根據，
　　　　爰就淮陰至六閘間五十餘閘洞，一一考其大小、
　　　　高下、尺寸，按民國十一年豐收年份之水位估計
　　　　其洩水量而統計之。

　　3. 水準零點之比較

　　　　各地舉辦測量均各自為謀，以致水準零點漫無

標準，若欲藉以比較地勢及水位，則殊感困難。
茲乃搜集水準零點七種，設法求其相互之關係，
於是南起江南、北達津沽，地形高下可得而比
較矣。

4. 高寶湖節宣洪水作用

高寶湖位置較洪澤湖為低，以之儲蓄洪水實難洩
而易盈，為求數字上證實起見，爰將高寶湖在洪
水期內水位之變化源源本本加以推闡，以祛人惑。

5. 淮河洪水對於長江下游之影響

就鎮江、江陰、南通、吳淞等處之揚子江水位記
載求其漲落之關係，因知愈趨下游，洪水期內水
位之漲落度愈小，因以推測淮河入江後江南北
所受影響之程度焉。

6. 淮河民十洪水峰之研究

民國十年淮河於蚌埠上游潰決多處，以致流量測
驗失其真相，茲乃從不同方法推測其實在狀況，
現尚在研究之中。

乙、建築設計

1. 活動壩計畫

活動壩為節宣洪水而設，建築之堅固與運用之便
利均極注重，茲同時設計形式多種，如針壩、版
壩、捲簾壩、輻形壩、懸門壩等，以資比較。

2. 船閘

淮運各河航運計畫中擬建之雙門船閘甚多，茲
已在設計中者為九‧二及六‧七公尺水位差者
二種。

3. 灌溉引水門

已設計者為標準生鐵水門十種及標準木質水門十種，寬度自二十公分至一公尺不等。

4. 標準岸牆

已設計者有四種，自三公尺高至六公尺高止。

5. 工場佈置設計

淮陰建閘工場之佈置現已設計完竣，邵伯建閘工場之佈置則尚在設計中。

6. 水電工場之設計

蔣壩洪澤湖口於活動壩告成後，可利用湖中水量發生電力以供開濬三河時轉動機械之用，已擬具初步計畫函請國外廠家開示價目。

丙、防洪設計

1. 淮河入江水道計畫

自洪澤湖蔣壩起經三河高寶湖至三江營入江為排洩淮河洪水入江之用，長凡一五 三公里，排水量最多為九○○○秒立方公尺。

2. 淮河中上游治導工程計畫

此為免除淮河洪水壅積於中上游沿岸低地而設，因測量尚未完備，故僅能作成簡略計畫，經研究之結果，知在沿河築堤束水最為經濟，濬深河床則需費甚鉅，現正在計畫數種治導方法以資比較。

3. 沭河治導計畫

因沭河上游測量未詳，故僅能估計幹河下游治導經費，設計時分為築堤與疏濬二種方法同時進

行，卒知築堤一法較為經濟。

4. 沂河治導計畫

此項計畫與沭河治導計畫性質相同，故用同一方法以資研究。

5. 泗河及山東南運湖河之治導計畫

此項計畫係藉中運河以排洩山東南部之積水，匯入沂河同行出海。

丁、航運及灌溉設計

1. 運河之航運工程

此項計畫係令蘇魯運河自微山湖以達揚子江終年可以通行九百噸以下之船隻而設。

2. 淮河至海口航運工程

此項計畫與前一項相表裡，乃使淮河上游自懷遠起經洪澤湖、張福河、塩河、灌河直達灌河口及臨洪口，成為互相聯絡之航道。

3. 灌溉計畫

此計畫係就舊黃河及運河沿岸之農田分配其所需水量，並支配所須輸運之渠道詳密設計，以期廣興農利。

4. 高寶湖墾闢工程

高寶湖地勢既低，又迫近入江之尾閭，用以蓄水難洩而易盈，實無裨於實際，故擬墾闢為田以供種植，計畫中於灌溉水渠、排水渠及排水機械等在內均已詳細研究。

（二）關於測繪事項

甲、河道測量

（1）第一測量隊測竣淮陰附近廢黃塩運交匯區域之詳細地形後，分調施測邵伯船閘地址及入海路線之張福河、塩河、灌河，於五月底全部告竣，統計外業成績如下（參看附圖一及二）。

1. 邵伯船閘地址

導線　　七‧四公里

水準　　二三‧六公里

橫斷面　九二個

地形　　二‧二平方公里

（比例尺一千分之一）

2. 張福河塩河灌河

導線　　二二〇‧〇公里

水準　　二三四‧〇公里

橫斷面　一九三個

地形　　四一七‧〇平方公里

（比例尺一萬分之一）

（2）第二測量隊測竣洪澤湖三河口之詳細地形後，分調施測入江路線之三河河道、歸江各引河河道、高寶湖西水準線、裡運河西堤缺口平剖面、連接江南江北水準標點，以推定吳淞零點與本會黃河零點真高之比較數，又由瓜洲沿運河至淮陰施測幹線水準，至八月初全部完竣（在五月中施測歸江各引河時，鄉民誤為徵工築路，反對測量，聚眾暴動，捆毆員工，毀壞

儀器，疊電江蘇省政府民政廳及江都縣政府交
涉，並由隊派員四出演講，始能繼續工作，計
被迫停頓者凡十八日），統計業外成績如下
（參看附圖三及四）。

1. 三河河道

　　導線　　五三·〇公里

　　水準　　五二·〇公里

　　橫斷面　七七個

　　地形　　五〇·〇平方公里

　　（比例尺一萬分之一沿堤岸進行以長度計）

2. 歸江各引河河道

　　導線　　四五·〇公里

　　水準　　三三·〇公里

　　橫斷面　七九個

　　地形　　一三一·〇平方公里

　　（比例尺一萬分之一以沿河道之長度計）

3. 高寶湖西水準

　　一一六·〇公里

4. 裡運河西堤缺口

　　縱斷面　九處

　　橫斷面　六一處

　　水深　　九七處

　　地形圖　三幅

5. 連接江南江北水準標沿運幹線水準

　　計二七三·五公里

　　閘　　二十六座

壩　　四個

涵洞　四十五個

測量隊外業告竣返會後，將各項測量記載圖簿整理清繪，編製報告及統計表，並編訂測量規則及籌擬繼續進行各項測量大綱。

乙、水文測量

自二月以後為大汛潮水及山洪發生之際，水文測量外業應在此期內積極工作，惟因本會經費奇絀，所擬測站大都未能照設，現在擇要設立水標站十七處，分佈於運河、洪澤湖、三河、張福河、塩河、灌河等處，及流量站二處，分測三河中渡及運河、張福河流量。又曾於二、三、四月間特派副工程師、助理工程師三人分甲、乙兩組赴三江營一帶設水標六處，及灌河口一帶設水標兩處，連續觀測江海潮位之漲落，並於揚子江南北兩岸各設水標一支，連續觀測江水位以推定吳淞零點高與本會所用黃河零點高度之比較數。至於內業，則除將各水標站、流量站等測量記載一律清理繪製圖表外，並將所借江北運河工程處十七、十八兩年流量及水位記載加以整理，又計算繪製雨量、溫度、濕度等圖表，擬訂各項水文測量施行細則。

丙、製圖

本期內測繪組所製圖表，以性質分者，可略別為橫斷面、縱斷面、平面三大類，以繪製工作分者，可別為鉛繪、墨繪、蠟印、縮製、註寫、校對六類，茲擇其最

要者列成下表，其他如編製各種統計表格均未列入。

繪製工作	圖別	圖之內容概要	製成數量
鉛繪	縱斷面	塩河、三河及張福河	所包測區長九十二公里
	橫斷面	運河、廢黃河、塩河、灌河、邵伯船閘地址、磁河、三河、東河、新河、運河西堤缺口、歸江各引河等	共六百九十一個
	平面	邵伯船閘地址、導淮工程計畫總圖、入江入海兩線施測範圍及斷面位置等	共十四幅
墨繪	縱斷面	同鉛繪	同鉛繪
	橫斷面	同鉛繪	同鉛繪
	平面	第一、第二兩隊實測地形圖及水準閉塞圈圖、方顧問報告附圖，其他同鉛繪	共三百九十八幅
蠟印	橫斷面	淮河幹流及皖淮各支流	共四百二十七幅
	平面	江北萬分之一剖面圖、裡運河平剖面圖、南運湖河實測圖、淮河中上游治導計畫圖、運河航運計畫圖、淮沂泗沭排洪工程圖，其他同墨繪	共四百九十九幅
縮圖	縱斷面	前沭河	一幅
	平面	廢黃塩運及三河兩區二千五百分一縮為二萬五千分一及一萬分一及其他	共十三幅
註寫	橫斷面	歸江各引河	九捲
	平面	第一、第二兩隊實測地形圖及上列墨繪各圖	共五百八十七幅
校對	橫斷面	運河、廢黃河、塩河、張福河、磁河、三河、邵伯船閘地址、歸江各引河等	共十三捲
	平面	第一、第二實測地形圖	共二百八十八幅

丁、　鑽驗地層

　　鑽驗地層為工程設計之重要基本工作，本處曾在邵伯船閘地址鑽驗十九穴，蔣壩活動壩地址在平地上鑽驗二十六穴，在三河中四穴，均深自六丈至十丈。此外各施工地點以經費所限，尚待繼續鑽驗。

附圖　淮運泗沂沭河道略圖

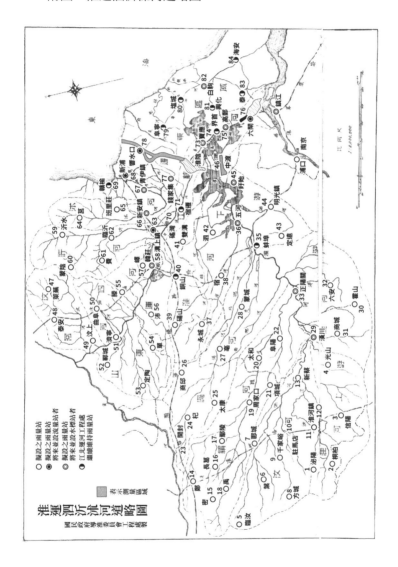

圖一　導淮入海路線萬分之一地形測量成績圖

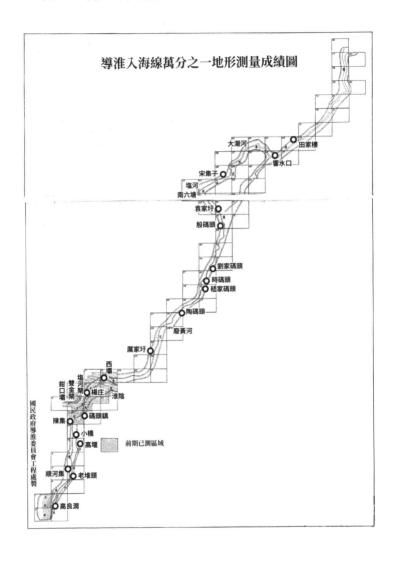

圖二　邵伯運河船閘地址千分之一地形測量成績圖

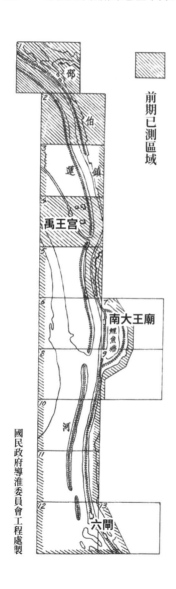

邵伯運河船閘地址千分之一地形測量成績圖

附註　圖幅號數因河形及需要關係故與前期稍有變更

前期已測區域

國民政府導淮委員會工程處製

圖三　三河萬分之一地形測量成績圖

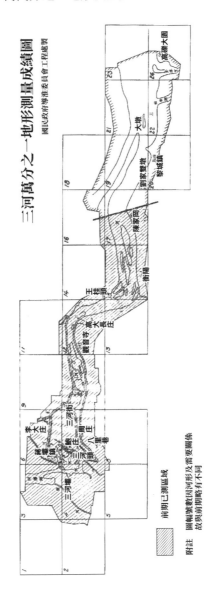

三河萬分之一地形測量成績圖
國民政府導淮委員會工程處製

前期已測區域

附註　圖幅號數因河形及需要關係
　　　故與前期略有不同

圖四　歸江各引河萬分之一測量成績圖

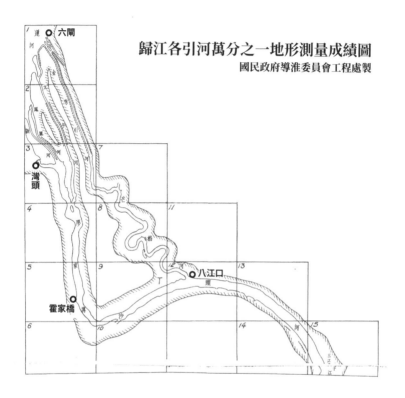

歸江各引河萬分之一地形測量成績圖
國民政府導淮委員會工程處製

二、會務事項

本會自成立以來，對於一切會務從未稍懈，最近雖因經費支絀，將工作人員酌量縮減，然於各項經辦及應預為籌劃之事均仍分別積極進行，茲將辦理經過情形分列如次。

（一）關於會議事項

自三中全會閉會後，本會一切會議仍依本會組織條例之規定按期分別舉行，共計議決提案四十四件，並因導淮計畫業經擬定，曾於十月間召集蘇、魯、皖、豫各省政府華洋義振會暨與導淮有關之中央水利機關各代表以及對於導淮及水利素有研究者，會同本會委員與工務處處長並各工程師開討論會議多次，將各重要問題詳加討論，以備實施工作時有所遵循焉。

（二）關於編訂法規事項

本會內部各種應用規章已於三中全會前次第議決呈奉委員長核定施行，最近僅將不適用者分別修正並議導淮計畫討論會議簡章一種，又以本會內部組織亟待變更，曾議決修正本會組織條例草案呈請國民政府提交立法院制定公布，並於該項修正條例尚未公布以前議定暫行組織系統表以利事務之進行。

（三）關於調查統計編譯事項

蘇、皖、魯、豫沿淮各縣地方事務之調查與導淮工程前途有極密切之關係，曾制定地方事務調查表令行

各縣協委遵查具報，嗣以魯、豫兩省軍事方殷，未據依限呈報，故分類統計編列成表尚需時日。至編譯東西各國水利法規，在前已將日本水利組合法規、河川法、臺灣公共埤圳規則等七種譯出，並將擬訂之技術報告譯為英文，以待國外水利工程專家之研究，最近擬再蒐集歐美關於水利各法規，次第迻譯，以供參考。茲將通飭各縣令行調查之地方事務分列如次：

1. 縣屬水旱田地價格上中下每畝各若干
2. 縣屬罹災之田地畝數
3. 罹災田地價格較普通田地每畝低減若干
4. 縣屬官有灘地之面積約數及已放領未放之畝數
5. 全縣河湖名稱暨縣境內河之長度與面積
6. 縣屬官設水利機關及人民組織水利團體之名稱暨每年經費之來源及約數
7. 縣屬閘壩堤岸之名稱及地點
8. 閘壩堤岸之管理方法暨每年工程費之來源及數目
9. 向來徵工浚河由縣直接徵募抑由各鄉鄉長代徵
10. 工人給養是否按工給值每日工值若干
11. 近兩年內有無水利訟爭案件並列舉其案由
12. 縣屬可通民船及小輪船之水路約若干里
13. 冬季有無涸淺或冰凍之水道
14. 可通車馬及汽車之陸路各約若干里（已築公路者另詳明）
15. 城鎮有無郵局及通匯錢莊
16. 縣屬農產品之種類（舉其主要者）
17. 地方義倉積穀之約數

18. 自耕農每年每畝收穫約數
19. 耕戶雇用長工及短工之工資如何計算
20. 業主與佃戶之利益如何分配
21. 縣屬水產品之種類（舉其主要者）
22. 沿河漁船之約數
23. 全縣田賦每年收入正稅若干附稅若干
24. 河湖軍警分布地點及約數
25. 境內有無土匪及其剿捕現狀
26. 沿河湖各鄉村已否組織保衛團團兵有無官長統帶官
　　長及團兵有無津給團費如何籌措團械是否充實

（四）關於委任各地協助委員事項

　　前以辦理主管事務須得地方行政機關之切實協助，曾議決委任各地協助委員章程呈奉國民政府核准，以便隨時加委蘇、皖、魯、豫沿淮各縣縣長為協助委員，通行以來尚無滯礙，惟前月間本會測量隊在江都縣境內實行查勘時，因鄉民誤會，致發生毆傷員工搶毀公物之情事，凡此皆地方行政機關不能宣達本會法令切實協助之表徵，雖事後曾通令各協委隨時保護，然為力圖補救並將來施工之利便計，益感縣長兼協助委員為萬不可緩之設置，蓋以能於事前課以相當之職責更易收事半功倍之效也。

（五）關於經費籌募事項

　　導淮事業工程浩大，前以經費無著，曾呈請國民政府撥發英庚款充作公債基金，現在此項基金業經確定，

一俟撥發到會即酌提若干以備施工之需，並仍擬根據
本會第一次大會議決案發行導淮公債五千萬元，分兩期
募集，即以本會每年應得庚款為擔保，在兩年之內先行
募集二千五百萬元，二年之後本會工程完成一部份，屆
時又有沿淮涸出地畝及受益田畝利益之收入抵作擔保，
第二期公債二千五百萬元更易繼續募集。現在本會對於
導淮公債發行募集辦法及其條法並涸出地畝處理方法、
受益田畝徵稅辦法及各條例均在擬訂中，約於公債基金
撥到時即可次第提出，呈請國民政府提交立法院制定公
布。至於本會經常費自財政部酌定月支三萬元後，迭經
催撥，迄未發給，但各項準備工程如測量隊、水文站、
訓練班、聘用德顧問工程師等項，在在需款刻不容緩，
均向總司令部經理處借墊。自六月以來，軍需緊要，借
款困難，不得已從事緊縮，勉力維持，擇要進行，毫未
中斷。

　　總之導淮工程經緯萬端，需款恐多，勢難同時舉
辦，故施工程序暫擬分為三期。其他如與工務相輔而行
之一切會務亦隨之而增進，故擬於實施工作之初即設置
土地整理局，以備涸出地畝之處理，受益田畝之徵稅，
有相當機關專司其事。蓋以淮河治導後之利益，其最重
要者有二：

（一）可以涸湖增墾之地面在盱眙、五河之間及廢黃
　　　河、高郵、邵伯等湖共計可得二四五〇〇〇〇
　　　畝，每畝平均價值以二十五元計，約共六〇〇
　　　〇〇〇〇元。

（二）可以得水灌溉之面積，在高寶湖區及裡運河以東、范公堤以西，並沿通揚運河暨范公堤以東沿海、微山湖以南，共計可得四一四九○○○○畝，每畝每年徵水捐以一角計，約共四一四九○○○元。

此外各開通航路，每年所徵之貨物捐及閘捐、碼頭捐等均為數不貲，此土地整理局為將來導治淮河進行計畫中最不可緩之設置。至關於工務部分之將來進行計劃，則詳見於最近一年間舉辦工務事項概要表附列如次，茲不贅述。

最近一年間舉辦工務事項概要表

	工務事項	說明
關於測繪者	1. 沂沭河上游	實測流域形勢，研究有無建造攔洪庫之可能，期得最經濟的沂沭河排洪計畫
	2. 沿運沿淮之精密水準	使淮域全部水準點聯貫，均以同一海平面為標準，確定全域形勢上下，以期計畫精密
	3. 繼續並增設水文站	觀測全流域氣象，如雨量、各河湖水位流量、含沙量與蒸發量等，以求各項週率最大量最小量為全域水文之精密研究
	4. 洪水期內河流糙率之測驗	該項與河道斷面設計有密切關係，淮域河道只根據性質相似之其他河道成果向無此項記載，擬在本年洪水期測驗以資考證
	5. 各閘壩地址及附近工場之詳細測勘	實測詳細地形圖，俾可確定使工作有所遵循
	6. 入江洪水道	實測詳細形勢，使各段土方得以精密估計
	7. 洪湖以上淮幹支流之改道	實測後研究淮河上游的排洪計畫
	8. 微山湖及山東南運河剖面	計畫該部排洪灌溉航運水電工程之依據
	9. 淮河上游各湖平剖面	計畫上游攔洪庫以減少上游排洪工費
	10. 高良澗至涇河閘之渠道	計算開挖土方以利灌溉航運
	11. 涇河閘至串場河之渠道	計算開挖土方以利灌溉航運
	12. 塩河至串場河之渠道	計算開挖土方以利灌溉航運
關於設計者	13. 閘壩各建築物之細部結構	各閘插之門開關機基板、磯心、頂橋等尚待詳細設計
	14. 各工段之材料運輸及交通設備	各工段水陸交通及材料運輸之公路水道電話等項待規畫
	15. 研究減低洪湖最高水位方法	減少三河活動壩及洪湖堤岸修建工費
	16. 高寶湖區墾闢工程	該區可墾闢之地約有一百萬畝，規畫水渠以茲灌溉
	17. 運東之排水灌溉及航運工程	運東射陽河湖、串場河各區，或修築堤岸，或開挖河槽，或設閘壩，以應需要
	18. 新闢河道後應需改建橋梁及道路	蔣壩新闢引河，舊河增寬，原有道路橋梁須為規畫改建
	19. 沂沭上游攔洪庫	見(1) 不贅
	20. 淮河上游治導工程	見(7) 與(9) 不贅

	工務事項	說明
關於施工者	21. 繼續採驗各閘壩地址之地質及其承重能力	確定各基礎之結構不致龜漏沉陷
	22. 建築材料之檢驗	選定各建築物之適當材料
	23. 工用儀器機械之選擇設計定製購買及修建機械工廠	測量建築及疏浚用各項儀器機械、電動機械、工用器具等分批定購，約需五十餘萬元
	24. 各工段施工之佈置程序暨工人工員之食宿事宜	工廠、工場及員役工人食宿設備約需十五萬元
	25. 各工段交通及材料運輸之設備	道路、電話、車輛、航船等約二十萬元
	26. 建築蔣壩洪湖口活動壩及船閘魚道	壩全長 600 公尺，分兩段，先建 300 公尺，需洋約一百萬元，第一年內完工
	27. 建築邵伯船閘及修築裡運西堤缺口添置裡運閘洞閘門	工費約需洋四十餘萬元，第一年內完工
	28. 改走通揚運河口閘門	工費約需洋五萬元，第一年內完工
	29. 建築淮陰船閘	淮陰閘及挖深附近運河床，約需工費四十五萬元，第一年完工

應需經常費（關於測量設計者）約計 $385,000
應需臨時費（關於施工者）約計 $2,100,000

民國史料 87

國民政府政治工作總報告書
1930 年下冊

Nationalist Government Policy Reports, 1930
Section III

編　　者　民國歷史文化學社編輯部
總 編 輯　陳新林、呂芳上
執行編輯　林弘毅
排　　版　溫心忻
助理編輯　汪弘毅

出　　版　 開源書局出版有限公司

香港金鐘夏愨道 18 號海富中心
1 座 26 樓 06 室
TEL：+852-35860995

民國歷史文化學社 有限公司

10646 台北市大安區羅斯福路三段
37 號 7 樓之 1
TEL：+886-2-2369-6912
FAX：+886-2-2369-6990

初版一刷　2024 年 1 月 31 日
定　　價　新台幣 420 元
　　　　　港　幣 115 元
　　　　　美　元 16 元
Ｉ Ｓ Ｂ Ｎ　978-626-7370-56-8
印　　刷　長達印刷有限公司
台北市西園路二段 50 巷 4 弄 21 號
TEL：+886-2-2304-0488

http://www.rchcs.com.tw

國家圖書館出版品預行編目 (CIP) 資料

國 民 政 府 政 治 工 作 總 報 告 書 . 1930 年 =
Nationalist Government policy reports. 1930/
陳新林 , 呂芳上總編輯 . -- 初版 . -- 臺北市 : 民國
歷史文化學社有限公司 , 2024.01

冊；　公分 . -- (民國史料 ; 85-87)

ISBN 978-626-7370-54-4　（上冊 : 平裝). --
ISBN 978-626-7370-55-1　（中冊 : 平裝). --
ISBN 978-626-7370-56-8　（下冊 : 平裝）

1.CST: 國民政府

573.55　　　　　　　　　　　　113000435